Luottamus siihen mitä toivotaan

Доктор Джерок Ли

*"Mutta usko on luja luottamus siihen,
mitä toivotaan, ojentautuminen sen mukaan, mikä ei näy.
Mutta ilman uskoa on mahdoton olla otollinen; sillä sen,
joka Jumalan tykö tulee, täytyy uskoa,
että Jumala on ja että hän palkitsee ne,
jotka häntä etsivät."*
(Heprealaiskirje 11:1, 6)

Luottamus siihen mitä toivotaan by Dr. Jaerock Lee
Julkaisija Urim Books (Edustaja: Sungnam Vin)
73, Yeouidaebang-ro 22-gil, Dongjak-gu, Seoul, Korea
www.urimbooks.com

Kaikki oikeudet pidätetään. Tätä kirjaa tai mitään sen osaa ei saa kopioida missään muodossa, ilman kustantajan kirjallista lupaa.

Copyright © 2020 by Dr. Jaerock Lee
ISBN: 979-11-263-0533-9 03230
Suomenkielisen laitoksen Copyright © 2011 by Dr. Esther K Chung. Käytetty luvalla.

Julkaistu aikaisemmin koreaksi 1990, Urim Books, Seoul, Korea

Ensimmäinen painos helmikuu 2020

Toimittanut: Geumsun Vin
Suunnittelu: Editorial Bureau of Urim Books
Painaja: Prione Printing
Lisätietoja varten ota yhteyttä: urimbook@hotmail.com

Esipuhe

Ennen kaikkea minä annan kaiken kiitoksen ja kunnian Isä Jumalalle joka on johdattanut meidät julkaisemaan tämän kirjan.

Jumala, joka on itse Rakkaus, lähetti ainoan Poikansa Jeesuksen Kristuksen aina Aatamin niskoittelusta johtuneen synnin tähden kuolemaan tuomitun ihmiskunnan syntien sovitukseksi. Hän johdatti meidät pelastuksen polulle. Tähän uskomalla kuka tahansa sydämensä avannut ja Jeesuksen Kristuksen Pelastajakseen hyväksynyt saa sekä syntinsä anteeksi että Pyhän Hengen lahjan ja hänet tunnustetaan Jumalan toimesta Hänen omaksi lapsekseen. Jumalan lapsena hänellä on myös oikeus saada vastauksia kaikkeen mitä hän pyytää uskossa. Tämä johtaa ylitsevuotavaiseen ja puutteettomaan elämään ja hän tulee olemaan maailmassa voittoisa.

Raamattu kertoo meille että uskon isät uskoivat Jumalan voimaan luoda jotakin tyhjästä. He saivat kokea Jumalan voiman ihmeellisiä tekoja. Meidän Jumalamme on sama eilen, tänään ja huomenna, ja Hänen ihmeellinen voimansa tekee yhä samoja tekoja uskovien ja Raamattuun kirjatun Jumalan sanan mukaisesti elävien ihmisten parissa.

Viime vuosikymmenten aikana minä olen saarnaurani aikana todistanut kuinka lukemattomat Manminin jäsenet ovat saaneet vastauksia ja ratkaisuja kärsimiinsä ongelmiin uskomalla ja noudattamalla totuuden sanaa, voiden näin kirkastaa Jumalaa suuresti. He uskoivat Jumalan sanaan, joka sanoo: *"Hyökätään taivasten valtakuntaa vastaan, ja hyökkääjät tempaavat sen itselleen"* (Matt. 11:12). He ovat myös tehneet työtä ja rukoilleet ja eläneet Jumalan sanan mukaan saadakseen suurempaa uskoa ja tämän tähden he näyttävät kaikkea kallisarvoisemmalta ja kauniilta.

Tätä teos on tarkoitettu niille jotka ovat innokkaita elämään voitokasta elämää omaamalla aitoa uskoa Jumalan kirkastamiseksi, Jumalan sanan levittämiseksi ja Herran evankeliumin jakamiseksi. Viimeisen kahden vuosikymmenen ajan minä olen levittänyt useita "Usko"-nimisiä julistuksia, ja tämä kirja on näista valittujen osien ja toimitustyön tulos. Minä toivon että tämä teos, *Usko: Luottamus siihen mitä toivotaan*, toimisi majakkana joka ohjaisi lukemattomia uskovia aitoon uskoon.

Tuuli puhaltaa minne tahtoo ja se pysyy näkymättömänä meidän silmissämme. Me voimme kuitenkin aistia tuulen olemassaolon kun me näemme kuinka puut heiluvat tuulessa. Samalla tavalla myös Jumala on elossa ja todellakin olemassa vaikka me emme pystykään näkemään Häntä omin silminemme. Tämän tähden sinä pystyt uskosi mukaisesti näkemään Hänet, kuulemaan Hänet, aistimaan Hänen olemassaolonsa ja kokemaan Hänen läsnäolonsa niin vahvasti kuin sinä itse haluat.

Jaerock Lee

Sisältö

Luottamus siihen mitä toivotaan

Esipuhe

Luku 1
Lihallinen usko ja hengellinen usko 1

Luku 2
Lihan mieli on vihamielinen Jumalaa kohtaan 13

Luku 3
Tuhoa kaikenlaiset ajatukset ja teoriat 29

Luku 4
Kylvä uskon siemeniä   43

Luku 5
'"Jos voit!' Kaikki on mahdollista!"   57

Luku 6
Daniel luotti vain Jumalaan   71

Luku 7
Herra valmistaa etukäteen   85

Luku 1

Lihallinen usko ja hengellinen usko

Mutta usko on luja luottamus siihen,
mitä toivotaan, ojentautuminen sen mukaan,
mikä ei näy. Sillä sen kautta saivat vanhat todistuksen.
Uskon kautta me ymmärrämme,
että maailma on rakennettu Jumalan sanalla,
niin että se, mikä nähdään,
ei ole syntynyt näkyväisestä.

Hepr. 11:1-3

Pastori iloitsee kun hän näkee että hänen laumansa omaa aitoa uskoa ja kirkastaa Jumalaa tällä aidolla uskollaan. Pastori voi iloita ja täyttää Jumalan hänelle antamaa tehtäväänsä yhä palavammin kun osa hänen laumastaan todistaa elävästä Jumalasta omien elämiensä kautta. Pastori kuitenkin myös tuntee tuskaa ja hänen sydämensä on murheellinen kun osa heistä ei pysty kasvattamaan uskoaan vaan lankeaa koettelemuksiin ja vaikeuksiin.

Ilman uskoa on mahdotonta miellyttää Jumalaa ja saada Häneltä vastauksia rukouksiin. Ilman uskoa on myös erittäin vaikeaa pystyä unelmoimaan taivaasta ja elää kunnollista uskon elämää.

Usko on kristityssä elämässä kaikkein tärkein perusta. Se on oikopolku pelastukseen ja välttämätöntä vastauksen saamiseksi Jumalalta. Meidän aikanamme monet ihmiset eivät omaa aitoa uskoa sen tähden että he eivät tiedä mitä usko oikeasti on. He eivät omaa takuuta pelastumisestaan. He eivät kulje kirkkaudessa eivätkä he saa Jumalalta vastauksia siitä huolimatta että he tunnustavat uskovansa Jumalaan.

Usko jaetaan kahteen kategoriaan; lihalliseen uskoon ja hengelliseen uskoon. Tämä ensimmäinen luku selittää mitä aito usko on ja kuinka sinä voit saada vastauksia Jumalalta ja tulla ohjatuksi uskon kautta ikuisen elämän polulle.

1. Lihallinen usko

Sinun uskosi on "lihallista uskoa" kun sinä uskot mitä näet silmilläsi sekä sellaisiin asioihin jotka sopivat yhteen sinun tietoutesi ja ajatustesi kanssa. Tämän lihallisen uskon avulla sinä voit uskoa ainoastaan sellaisiin asioihin jotka on tehty näkyvistä asioista. Tämä avulla sinä voit esimerkiksi uskoa että pöytä on tehty puusta.

Lihallista uskoa kutsutaan myös "uskoksi tietoutena." Tämän lihallisen uskon avlla sinä uskot ainoastaan siihen mikä sopii yhteen aivoihisi ja ajatuksiisi tallennetun tietouden kanssa. Sinä saatat uskoa ilman epäilystä että pöytä on tehty puusta sillä sinä olet olet nähnyt tai kuullut että pöytä on valmistettu puusta ja sinun ymmärryksesi mukaan tämä on täysin mahdollista.

Ihmisillä on aivoissaan muistisysteemi, johon he tallentavat kaikenlaista tietoutta syntymästään alkaen. He säilövät aivosoluihin tietoutena mitä he ovat nähneet, kuulleet tai oppineet vahempiensa, sisarustensa, ystäviensä, naapureidensa tai koulun kautta, käyttäen tätä säilöttyä tietoutta aina tarpeen tullen.

Jokainen aivoihin säilötty tiedonmurunen ei kuitenkaan kuulu totuuteen. Jumalan sana on totuus sillä se pätee ikuisesti, kun taas tämän maailman tietous muuttuu helposti ollen sekoitus totuutta ja epätotuutta. Maailmalliset ihmiset eivät ymmärrä totuutta kokonaan ja niin he eivät ymmärrä että epätotuuksia käytetään väärin totuuksina. He esimerkiksi uskovat evoluutioteoriaan sen tähden että he ovat oppineet sen koulussa Jumalan sanaa tuntematta. Ihmiset jotka ovat oppineet ainoastaan sen että asioita voidaan tehdä vain jo olemassaolevista asioista eivät voi uskoa että jotakin voitaisiin luoda tyhjästä. Lihallista uskoa omaavan henkilön lapsesta saakka kerätty tietous estää häntä uskomasta jos joku kertoo hänelle kuinka jotakin on luotu tyhjästä ja epäilykset seuraavat häntä.

Johanneksen evankeliumin kolmannessa luvussa Nikodeemus-niminen juutalaisten hallitsija saapui Jeesuksen luokse ja keskusteli Hänen kanssaan hengellisistä asioista. Näiden keskustelujen aikana Jeesus haastoi hänet, sanoen: *"Jos ette usko, kun minä puhun teille maallisista, kuinka te uskoisitte, jos minä puhun teille taivaallisista?"* (jae 12)

Aloittaessasi elämäsi kristittynä sinä säilöt Jumalan sanaa tietoutena sitä mukaan kun sinä kuulet sitä. Sinä et voi kuitenkaan uskoa siihen täydellisesti heti alusta saakka ja niin sinun uskosi on lihallista. Tämän lihallisen uskon yhteydessä sinussa nousee epäilyksiä etkä sinä pysty elämään Jumalan sanan mukaisesti, kommunikoimaan Jumalan kanssa tai saamaan Hänen rakkauttaan. Tämän tähden lihallista uskoa kutsutaan myös "uskoksi ilman tekoja" tai "kuolleeksi uskoksi."

Sinä et voi pelastua lihallisen uskon avulla. Jeesus sanoi Matteuksen jakeessa 7:21 näin: *"Ei jokainen, joka sanoo minulle: 'Herra, Herra!', pääse taivasten valtakuntaan, vaan se, joka tekee minun taivaallisen Isäni tahdon"* ja Matteuksen jakeessa 3:12 puolestaan näin: *"Hänellä on viskimensä kädessään, ja hän puhdistaa puimatanterensa ja kokoaa nisunsa aittaan, mutta ruumenet hän polttaa sammumattomassa tulessa."* Eli lyhyesti sanottuna sinä et pysty astumaan taivaan kuningaskuntaan jos sinä et elä Jumalan sanan mukaisesti ja sinun uskosi on pelkkää uskoa ilman tekoja.

2. Hengellinen usko

Sinun katsotaan omaavan hengellistä uskoa kun sinä uskot näkymättömiin asioihin jotka eivät käy yhteen ihmisten ajatusten ja tietouden kanssa. Tämän hengellisen uskon avulla sinä voit uskoa että jokin on luotu tyhjästä.

Hengelliseen uskoon liittyen Heprealaiskirje 11:1 määrittelee sen seuraavasti: *"Mutta usko on luja luottamus siihen, mitä toivotaan, ojentautuminen sen mukaan, mikä ei näy."* Toisin sanoen, katsellessasi asioita hengellisin silmin niistä tulee sinulle todellisuutta ja nähdessäsi asioita uskon silmillä sinun vakaumuksesti tulee paljastumaan. Hengellisen uskon avulla asiat mitkä eivät ole mahdollisia lihallisen uskon, uskon tietouden, avulla, tulevat olemaan mahdollisia ja paljastumaan todellisuudeksi.

Mooseksen esimerkiksi nähdessä uskon silmien kautta Punainen meri jakautui kahtia ja Israelin kansa ylitti sen kuivin jaloin (Exodus 14:21-22). Joosua, Mooseksen seuraaja, katsoi kansansa kanssa Jerikon kaupunkia ja marssi sen ympäri seitsemän kertaa ja sitten huusi sen muurit nurin ollen näin voittoisa kaupunkia vastaan (Joosua 6:12-22). Aabraham, uskon isä, saattoi vain noudattaa Jumalan käskyä ja uhrata ainoan poikansa, Iisakin, joka oli Jumalan lupauksen siemen, sillä hän uskoi että Jumala kyllä pystyisi herättämään Iisakin kuolleista (Genesis 22:3-12). Tämä on yksi syy siihen että hengellistä uskoa kutsutaan "tekojen säestämäksi uskoksi" ja "eläväksi uskoksi."

Hepr. 11:3 sanoo: *"Uskon kautta me ymmärrämme, että maailma on rakennettu Jumalan sanalla, niin että se, mikä nähdään, ei ole syntynyt näkyväisestä."* Taivat ja maa sekä kaikki niihin kuuluva pitää sisällään taivaan, kuun, tähdet, puut, linnut, kalat ja eläimet, ja kaikki tämä luotiin Jumalan sanalla. Hän myös loi ihmiskunnan tomusta. Kaikki tämä luotiin tyhjästä ja me voimme uskoa ja ymmärtää tämän ainoastaan hengellisen uskon avulla.

Kaikki ei kuitenkaan näy silmillämme tai ole osa näkyvää todellisuutta. Jumalan voiman avulla, Hänen sanansa avulla, kaikki tuli kuitenkin luoduksi. Tämän tähden me tunnustamme että Jumala on kaikkivaltias ja kaikkitietävä, ja että me voimme saada Häneltä kaiken mitä me uskossa pyydämme. Tämä johtuu siitä että kaikkivaltias Jumala on meidän Isämme ja me olemme Hänen lapsiaan niin että kaikki käy meille niinkuin me olemme uskoneet.

Voidaksesi saada vastauksia ja voidaksesi kokea ihmeitä uskon kautta sinun pitää muuttaa lihallinen uskosi hengelliseksi uskoksi. Ensinnäkin, sinun pitää ymmärtä että syntymästäsi saakka aivoihisi säilötty tietous ja lihallinen usko muodostavat sen hengellisen uskon omaamista estävän tietouden perustan. Sinun pitää tuhota tietous joka aiheuttaa epäilyksiä ja poistaa aivoihisi tallennettu eksyksiin johdattava tietous. Mitä enemmän sinä kuuntelet ja ymmärrät Jumalan sanaa sitä enemmän sinuun kerääntyy hengen tietoutta niin että sinä voit todistaa Jumalan voiman paljastamia ihmeitä ja merkkejä ja sinä koet todisteita elävästä Jumalasta useiden uskovien todistusten kautta. Näin epäilykset katoavat sinusta ja sinun hengellinen uskosi kasvaa.

Sinun hengellisen uskosi kasvaessa sinä voit pystyt elämään Jumalan sanan mukaisesti, kommunikoida Hänen kanssaan ja saada Häneltä vastauksia. Epäilysten tultua heitetyksi täydellisesti pois sinä voit seistä uskon kalliolla ja sinun katsotaan omaavan vahvan uskon jonka avulla sinä voit elää voitokasta elämää kaikkien koettelemusten ja vaikeuksien keskellä.

Jaak. 1:6 varoittaa meitä tämän uskon kalliona avulla näin: *"Mutta anokoon uskossa, ollenkaan epäilemättä; sillä joka epäilee, on meren aallon kaltainen, jota tuuli ajaa ja heittelee."* Jaak. 2:14 kysyy puolestaan: *"Mitä hyötyä, veljeni, siitä on, jos joku sanoo itsellään olevan uskon, mutta hänellä ei ole tekoja? Ei kaiketi usko voi häntä pelastaa?"*

3. Aito usko ja ikuinen elämä

Matteuksen 25. luvussa oleva kymmenestä neitsyestä kertova vertauskuva opettaa meille useita asioita. Vertauskuva sanoo että että kymmenen neitsyttä otti lamppunsa ja meni tapaamaan sulhasiaan. Viisi heistä oli viisaita ja otti mukaansa lamppujensa lisäksi öljyastian. He ottivat sulhasensa vastaan menestyksekkäästi. Toiset viisi neitsyttä eivät kuitenkaan olleet viisaita eivätkä he ottaneet öljyä mukaansa ja niin he eivät pystyneet ottamaan sulhasiaan vastaan. Tämä vertauskuva selittää meille että uskovien joukossa on ihmisiä jotka elävät uskollista elämää valmistautuen Herran paluuseen hengellisen uskon avulla. Nämä uskovat tulevat pelastumaan kun taas toiset jotka eivät valmistaudu kunnolla eivät tule saamaan pelastusta, sillä heidän uskonsa on kuollutta uskoa joka ei ole tekojen säestämää.

Matteuksen jakeissa 7:22-23 Jeesus herättää meidät sanoen että vaikka monet ovat profetoineet, ajaneet ulos riivaajia ja tehneet ihmeitä Hänen nimessään heistä kaikki eivät kuitenkaan tule pelastumaan. Tämä johtuu siitä että ovat osoittautuneet akanoiksi jotka eivät ole tehneet Jumalan tahtoa vaan sen sijaan eläneet laittomasti ja tehneet syntejä.

Kuinka me voimme erottaa jyvät ja akanat?
The Compact Oxford English Dictionary määrittelee 'akanan' 'Viljan siemen tai muu siemen joka erotellaan piiskaamalla tai siivilöimällä.' Hengellisesti akanat symboloivat

uskovia jotka näyttävät elävän Jumalan sanan mukaisesti mutta tekevät silti pahuuksia muuttamatta sydämiään totuuden avulla. He menevät kirkkoon sunnuntaisin, antavat kymmenyksensä, rukoilevat Jumalaa, pitävät huolta heikommista ja palvelevat kirkkoa tehden kuitenkin tämän kaiken ei Jumalan edessä vaan esiintyäkseen heidän ympärillään olevien ihmisten edessä. Tämän tähden heidät lasketaan akanoiksi eivätkä he voi pelastua.

Jyvät viittaavat uskoviin jotka ovat muuttuneet hengen ihmisiksi Jumalan sanan totuuden avulla ja jotka omaavat uskoa joka ei järky missään olosuhteissa tai käänny vasemmalle tai oikealle. He tekevät kaiken uskossa. He paastoavat ja rukoilevat Jumalaa uskon avulla niin että he voivat saada Jumalalta vastauksia. He eivät toimi muiden voimien mukaisesti vaan tekevät kaiken iloiten ja kiittäen. He seuraavat Pyhän Hengen ääntä miellyttääkseen Jumalaa ja toimivat uskossa ja heidän sielunsa kukoistavat, kaikki sujuu heidän suhteen hyvin ja he nauttivat hyvästä terveydestä.

Nyt minä kehotan teitä tutkiskelemaan oletteko te palvoneet Jumalaa totuudessa ja hengessä vai torkkuneet ja seuranneet tyhjänpäiväisiä ajatuksia ja tuominneet Jumalan sanaa palveluksien aikana. Teidän tulee myös katsoa menneeseen ja tarkistaa oletteko te antaneet uhrinne iloiten vai kylväneet säästäväisesti tai tahdottomasti muiden silmien hyväksi. Mitä vahvemmaksi hengellinen usko kasvaa sitä enemmän teot tulevat seuraamaan sitä. Mitä enemmän sinä elät Jumalan sanan mukaisesti sitä enemmän sinulle annetaan elävää uskoa ja sinä saat asua rakkaudessa ja Jumalan siunauksissa, kulkea Hänen kanssaan ja olla kaikessa menestyksekäs. Kaikki Raamattuun kirjatut siunaukset tulevat sinun osaksesi, sillä Jumala on lupauksilleen uskollinen kuten 4. Moos. 23:19 sanoo: *"Ei Jumala ole ihminen, niin että hän valhettelisi, eikä ihmislapsi, että hän katuisi. Sanoisiko hän jotakin eikä sitä tekisi, puhuisiko jotakin eikä sitä täyttäisi?"*

Sinun tulee kuitenkin ymmärtää sinä teet jotakin väärin jos sinä käyt palveluksissa, rukoilet säännöllisesti ja palvelet kirkkoa tunnollisesti saamatta silti kuitenkaan mitä sydämesi halajaa.

Sinun täytyy seurata ja elää Jumalan sanan mukaisesti jos sinä omaat aitoa uskoa. Sinun tulee tunnustaa että vain Jumalan sana on totuutta ja rohkaistua kaiken sellaisen tuhoamisesta mikä on Jumalan sanan vastaista sen sijaan että sinä pitäisit kiinni omista ajatuksistasi ja tietoudesta. Sinun pitää heittää pois kaikki pahuuden muodot kuuntelemalla tunnollisesti Jumalan sanaa ja saavuttamalla pyhittyneisyys loppumattomin rukouksin.

Ei ole totta että me pelastumme pelkästään kirkossa käymällä ja kuuntelemalla ja säilömällä Jumalan sanaa tietoutena. Usko on kuollutta uskoa ilman tekoja ellemme me elä sen mukaisesti. Me voimme astua taivaan kuningaskuntaan ja nauttia ikuisesta elämästä vasta sitten kun me omaamme aitoa ja hengellistä uskoa ja seuraamme Jumalan tahtoa.

Teidän tulee ymmärtää että Jumala haluaa teidän omaavan hengellistä, tekojen säestämää uskoa, ja nauttivan ikuisesta elämästä ja etuoikeuksista Jumalan lapsina aidon uskon avulla!

Luku 2

Lihan mieli on vihamielinen Jumalaa kohtaan

"Sillä niillä, jotka elävät lihan mukaan,
on lihan mieli, mutta niillä,
jotka elävät Hengen mukaan, on Hengen mieli.
Sillä lihan mieli on kuolema,
mutta hengen mieli on elämä ja rauha;
sentähden että lihan mieli on vihollisuus Jumalaa vastaan,
sillä se ei alistu Jumalan lain alle, eikä se voikaan.
Jotka lihan vallassa ovat,
ne eivät voi olla Jumalalle otolliset."

Room. 8:5-8

Nykyään monet ihmiset käyvät kirkossa ja tunnustavat uskovansa Jeesukseen Kristukseen. Tämä on meille hyvä ja onnellinen uutinen. Meidän Herramme kuitenkin sanoi Matteuksen jakeessa 7:21 näin: *"Ei jokainen, joka sanoo minulle: 'Herra, Herra!', pääse taivasten valtakuntaan, vaan se, joka tekee minun taivaallisen Isäni tahdon."* Hän lisäsi jakeissa Matt. 7:22-23: *"Moni sanoo minulle sinä päivänä: 'Herra, Herra, emmekö me sinun nimesi kautta ennustaneet ja sinun nimesi kautta ajaneet ulos riivaajia ja sinun nimesi kautta tehneet monta voimallista tekoa?' Ja silloin minä lausun heille julki: 'Minä en ole koskaan teitä tuntenut; menkää pois minun tyköäni, te laittomuuden tekijät.'"*

Jaak. 2:26 sanoo lisäksi: *"Sillä niinkuin ruumis ilman henkeä on kuollut, niin myös usko ilman tekoja on kuollut."* Tämän tähden meidän pitää tehdä uskostamme täysinäistä kuuliaisuuden tekojen kautta niin että me voimme tulla tunnustetuiksi Jumalan lapsiksi jotka saavat kaiken mitä he pyytävät.

Ottaessamme Jeesuksen Kristuksen vastaan pelastajaksemme me iloitsemaan ja palvelemaan Jumalan lakia omalla mielellämme. Me kuitenkin palvelemme synnin lakia lihallamme emmekä me tällöin miellytä Jumalaa jos me emme pysty pitämään Hänen käskyjään. Lihallisten ajatusten tähden me joudumme Jumalan vastaiseen tilaan emmekä me pysty tulemaan Jumalan lain alaiseksi.

Me voimme kuitenkin olla Jumalan Hengen ohjaamia, pitää

Hänen käskynsä ja miellyttää Häntä samalla tavalla kuin Jeesus joka täytti lain rakkaudella jos me heitämme lihalliset ajatuksemme pois ja seuraamme hengellisiä ajatuksia. Me saamme siis nähdä kuinka Jumalan lupaus siitä että kaikki asiat ovat mahdollisia sille joka uskoo käy kohdallamme toteen.

Syventykäämme seuraavaksi siihen mikä on lihallisten ja hengellisten ajatusten ero. Tutkikaamme miksi lihalliset ajatukset ovat vihamielisiä Jumalaa kohtaan ja kuinka me voimme välttää lihalliset ajatukset ja kulkea Hengen mukaiseksi Jumalaa miellyttäen.

1. Lihallinen ihminen ajattelee lihallisia haluja, kun taas hengellinen ihminen haluaa hengellisiä asioita

1) Liha ja lihan himot

Raamattu käyttää sellaisia termejä kuin 'liha', 'lihalliset asiat', 'lihan himot' ja 'lihan teot.' Nämä sanat ovat merkitykseltään samankaltaisia ja ne kaikki hajoavat ja katoavat kun me lähdemme tästä maailmasta.

Lihan teot on kirjattu Galatalaiskirjeeseen 5:19-21: *"Mutta lihan teot ovat ilmeiset, ja ne ovat: haureus, saastaisuus, irstaus, epäjumalanpalvelus, noituus, vihamielisyys, riita, kateellisuus, vihat, juonet, eriseurat, lahkot, kateus, juomingit, mässäykset ja muut senkaltaiset, joista teille edeltäpäin sanon, niinkuin jo ennenkin olen sanonut, että ne, jotka semmoista harjoittavat, eivät peri Jumalan valtakuntaa."*

Room. 13:12-14 näyttää kuinka Paavali varoittaa meitä lihan himoista sanoen: *"Yö on pitkälle kulunut, ja päivä on lähellä. Pankaamme sentähden pois pimeyden teot, ja pukeutukaamme valkeuden varuksiin. Vaeltakaamme säädyllisesti, niin kuin päivällä, ei mässäyksissä ja juomingeissa, ei haureudessa ja irstaudessa, ei riidassa ja kateudessa, vaan pukekaa päällenne Herra Jeesus Kristus, älkääkä niin pitäkö lihastanne huolta, että himot heräävät."*

Me omaamme mielen ja meillä on ajatuksia. Hautoessamme mielessämme syntisiä himoja ja epätotuuksia näitä syntisiä himoja ja epätotuuksia kutsutaan 'lihan himoiksi", ja kun nämä syntiset himot tulevat esiin tekoina, niitä kutsutaan "lihan teoiksi." Lihan himot ja teot ovat totuuden vastaisia niin että kukaan niihin uppoutuva ei voi periä Jumalan kuningaskuntaa.

Joten Jumala varoittaa meitä jakeissa 1. Kor. 6:9-10 näin: *"Vai ettekö tiedä, etteivät väärät saa periä Jumalan valtakuntaa? Älkää eksykö. Eivät huorintekijät, ei epäjumalanpalvelijat, ei avionrikkojat, ei hekumoitsijat eikä miehimykset, eivät varkaat, ei ahneet, ei juomarit, ei pilkkaajat eivätkä anastajat saa periä Jumalan valtakuntaa"* ja jakeissa 1. Kor. 3:16-17 näin: *"Ettekö tiedä, että te olette Jumalan temppeli ja että Jumalan Henki asuu teissä? Jos joku turmelee Jumalan temppelin, on*

Jumala turmeleva hänet; sillä Jumalan temppeli on pyhä, ja sellaisia te olette."

Ylläolevien katkelmien mukaisesti teidän tulee ymmärtää että epähurskaat syntejä ja pahoja tekoja tekevät eivät voi periä Jumalan kuningaskuntaa. Lihan tekoja tekevät eivät voi tulla pelastetuksi. Pysy valppaana jotta sinä et antaisi periksi sellaisten saarnaajien kiusaukselle jotka sanovat että me voimme pelastua pelkästään kirkossa käymällä. Minä kehotan teitä Herran nimessä tutkimaan Jumalan sanaa jotta te ette antaisi periksi kiusaukselle.

2) Henki ja hengen halut

Ihminen koostuu hengestä, sielusta ja ruumiista, joista meidän ruumiimme on katoavainen. Ruumis on sielun ja hengen asuisija. Henki ja sielu ovat katoamattomia asioita jotka ohjaavat meidän mieltämme ja antavat meille elämämme.

Henki jaetaan kahteen kategoriaan; Jumalalle kuuluvaan henkeen ja Jumalalle kuulumattoman henkeen. Tämän tähden 1. Joh. 4:1 sanoo: *"Rakkaani, älkää jokaista henkeä uskoko, vaan koetelkaa henget, ovatko ne Jumalasta; sillä monta väärää profeettaa on lähtenyt maailmaan."*

Jumalan Henki auttaa meitä tunnustamaan että Jeesus Kristus on tullut lihaksi ja johdattaa meidät ymmärtämään mitä Jumala meille vapaasti antaa (1. Joh. 4:2; 1. Kor. 2:12).

Jeesus sanoi jakeessa Joh. 3:6 näin: *"Mikä lihasta on*

syntynyt, on liha; ja mikä Hengestä on syntynyt, on henki." Pyhä Henki tulee sydämeemme, vahvistaa meitä ymmärtämään Jumalan sanaa, auttaa meitä elämämään totuuden mukaan ja johdattaa meidät tulemaan hengen ihmiseksi jos me otamme Jeesuksen Kristuksen vastaan ja saamme Pyhän Hengen lahjan. Pyhän Hengen tullessa sydämeemme Hän virvoittaa meidän kuolleet henkemme taas eloon, ja siksi sanotaan että me synnymme uudestaan Hengestä ja tulemme pyhittyneeksi sydämen ympärileikkauksen kautta.

Herramme Jeesus sanoi jakeessa Joh. 4:24 näin: *"Jumala on Henki; ja jotka häntä rukoilevat, niiden tulee rukoilla hengessä ja totuudessa."* Henki kuuluu neliulotteiseen maailmaan ja niin Jumala, joka on Henki, tietää meistä kaiken meidän sydämemme näkemisen sijaan.

Joh. 6:63 sanoo: *"Henki on se, joka eläväksi tekee; ei liha mitään hyödytä. Ne sanat, jotka minä olen teille puhunut, ovat henki ja ovat elämä."* Jeesus selittää meille että Pyhä Henki antaa meille elämän ja Jumalan sana on henki.

Lisäksi Joh. 14:16-17 kuuluu seuraavasti: *"Ja minä olen rukoileva Isää, ja hän antaa teille toisen Puolustajan olemaan teidän kanssanne iankaikkisesti, totuuden Hengen, jota maailma ei voi ottaa vastaan, koska se ei näe häntä eikä tunne häntä; mutta te tunnette hänet, sillä hän pysyy teidän tykönänne ja on teissä oleva."* Pyhä Henki johdattaa meidät totuuteen jos me saamme Pyhän Hengen lahjaksi ja meistä tulee Jumalan lapsia.

Pyhä Henki asuu meissä ja synnyttää meidät sen jälkeen kun me olemme ottaneet Herran vastaan. Henki johdattaa meidät totuuteen ja auttaa meitä ymmärtämään epähurskautta ja kääntymään siitä pois. Pyhä Henki huokaa, tekee meidät levottomaksi ja rohkaisee meitä ymmärtämään syntimme ja saavuttamaan pyhittymisen jos me kuljemme totuuden vastaisesti.

Tämän lisäksi Pyhää Henkeä kutsutaan Jumalan Hengeksi (1. Kor. 12:3) ja Herran Hengeksi (Ap.t. 5:9; 8:39). Jumalan Henki on ikuinen Totuus ja elämän pelastava Henki mikä johdattaa meidät ikuiseen elämään.

Jumalalle kuulumaton ja Jumalan Hengen vastainen henki ei tunnusta että Jeesus tuli tähän maailmaan lihana, ja tätä kutsutaan 'maailman hengeksi' (1. Kor. 2:12), 'antikristuksen hengeksi' (1. Joh. 4:3), 'villitseväksi hengeksi' (1. Tim. 4:1) ja 'saastaiseksi hengeksi' (Ilm. 16:13). Kaikki nämä henget ovat paholaisesta. Ne eivät ole totuuden Hengestä. Nämä epätotuuden henget eivät anna elämää vaan sen sijaan johdattavat ihmisiä tuhoon.

Pyhä Henki viittaa Jumalan täydelliseen henkeen ja niin me saamme Pyhän Hengen yllemme kun me otamme Jeesuksen Kristuksen vastaan ja tulemme Jumalan lapseksi. Pyhä Henki synnyttää meissä tällöin hengen ja vanhurskautta, vahvistaen meitä kantamaan Pyhän Hengen hedelmiä, vanhurskautta ja

Kirkkautta. Seuratessamme Jumalaa tämän Pyhän Hengen työn kautta me olemme Hänen johdatuksessaan, tulemme kutsutuiksi Jumalan lapseksi ja kutsumme Jumalaa, sanoen: "Abba! Isä!", sillä me olemme saaneet lapseuden hengen (Room. 8:12-15).

Joten me kannamme Pyhän Hengen yhdeksää hedelmää jotka ovat rakkaus, ilo, pitkämielisyys, lempeys, hyvyys, uskollisuus, lempeys ja itsehillintä kun Pyhä Henki ohjaa meitä (Gal. 5:22-23). Me kannamme myös vanhurskauden hedelmää sekä Kirkkauden hedelmiä, hyvyyttä ja vanhurskautta totuudessa. Näiden avulla me voimme saavuttaa täyden pelastuksen (Ef. 5:9).

2. Lihalliset ajatukset johtavat kuolemaan mutta hengelliset ajatukset johtavat elämään ja rauhaan

Sinun mielesi tulee keskittymään lihallisiin asioihin jos sinä seuraat lihaa. Sinä tulet elämään lihan mukaisesti ja tekemään syntejä. Tämän tähden sinulla ei ole muuta vaihtoehtoa kuin kulkea kohti kuolemaa Jumalan sanan mukaisesti, joka sanoo: "Synnin palkka on kuolema." Tämän tähden Herra kysyy: *"Mitä hyötyä, veljeni, siitä on, jos joku sanoo itsellään olevan uskon, mutta hänellä ei ole tekoja? Ei kaiketi usko voi häntä pelastaa? Samoin uskokin, jos sillä ei ole tekoja, on itsessään kuollut"* (Jaak. 2:14, 17).

Lihaan keskittyminen ei saa meitä ainoastaan tekemään syntiä ja kärsimään vaikeuksista maan päällä vaan se myös estää sinua perimästä taivaan kuningaskuntaa. Joten sinun tulee pitää tämä mielessäsi ja tuhota ruumiin teot niin että sinä voit saada ikuisen elämän (Room. 8:13).

Sinä tulet kuitenkin keskittymään Henkeen ja yrittämään parhaasi elääksesi totuuden mukaan jos sinä seuraat Henkeä. Tällöin Pyhä Henki tulee auttamaan sinua taistelemaan paholais-vihollista ja Saatanaa vastaan, heittämään pois epätotuudet ja tulemaan sitten pyhittyneeksi.

Kuvittele, että joku lyö sinua poskelle ilman syytä. Sinä saatat olla vihainen tämän johdosta mutta sinä voit ajaa pois lihalliset ajatuksesi ja seurata sen sijaan hengellisiä ajatuksia muistamalla Jeesuksen ristiinnaulitsemisen. Jumalan sana kehottaa meitä kääntämään myös toisen posken jos meitä isketään toiselle ja iloitsemaan aina kaikissa olosuhteissa ja tämän tähden sinä voit antaa anteeksi, sietää pitkämielisesti ja palvella muita. Tämän johdosta sinun ei tarvitse olla levoton. Tällä tavalla sinä voit saada sydämeesi rauhan. Sinä saatat haluta torua ja haukkua tätä toista henkilöä ennen kuin sinä olet pyhittynyt sillä sinussa on siihen saakka yhä pahuutta jäljellä. Heitettyäsi pois kaikki pahan muodot sinä tunnet tätä henkilöä kohtaan rakkautta siitä huolimatta että sinä olet tietoinen hänen vioistaan.

Joten sinä etsit hengellisiä asioita ja kuljet totuuden sanassa jos sinä keskityt hengen asioihin. Tämän ansiosta sinä saat itsellesi pelastuksen ja oikean elämän ja niin sinun elämäsi tulee täyttymään rauhalla ja siunauksilla.

3. Lihalliset ajatukset ovat vihamielisiä Jumalaa kohtaan

Lihalliset ajatukset estävät sinua rukoilemasta Jumalaa kun taas hengelliset ajatukset kehottavat sinua rukoilemaan Häntä. Lihalliset ajatukset johtavat epäsopuun ja riitoihin kun taas hengelliset johtavat rakkauteen ja rauhaan. Lihalliset ajatukset ovat totuuden vastaisia ja itse asiassa ne ovat paholais-vihollisen tahto ja ajatuksia. Tämän tähden lihallisten ajatusten seuraaminen johtaa muurin rakentamiseen Jumalan ja ihmisen välille, mikä estää Jumalan tahdon toteutumisen sinun suhteesi.

Lihalliset ajatukset eivät tuo rauhaa vaan ainoastaan murheita, levottomuutta ja vaikeuksia. Lihalliset ajatukset ovat siis täysin tarkoituksettomia eivätkä ne hyödytä ketään lainkaan. Meidän Isä Jumalamme on kaikkivaltias ja kaiken tietävä. Hän on kaiken Luoja ja niin Hän hallitsee maata ja taivaita sekä kaikkea niissä oleva sekä myös henkeämme ja kehojamme. Mitä Hän ei antaisikaan rakkaille lapsilleen? Sinun ei tarvitsisi koskaan huolehtia rahasta jos sinun isäsi olisi suuren teollisuusyhtymän omistaja ja sinun terveytesi olisi taattu jos sinun isäsi olisi täydellinen lääketieteen tohtori.

Jeesus sanoi Markuksen jakeessa 9:23: *"'Jos voit!' Kaikki on mahdollista sille, joka uskoo.*" Tämän mukaisesti hengelliset ajatukset tuovat sinulle uskoa ja rauhaa, kun taas lihalliset ajatukset estävät sinua saavuttamasta Jumalan tahtoa ja tekoja tuottamalla sinulle murheita, levottomuutta ja vaikeuksia. Tämän tähden Room. 8:7 sanoo lihallisten ajatusten suhteen näin: *"Sentähden että lihan mieli on vihollisuus Jumalaa vastaan, sillä se ei alistu Jumalan lain alle, eikä se voikaan."*

Me olemme Jumalaa palvelevia ja Häntä "Isäksi" kutsuvia Jumalan lapsia. Se, että sinussa ei ole riemua ja että sinä olet sen sijaan levoton, lannistunut ja huolestunut kertoo siitä että sinä seuraat paholais-vihollisen virittämiä lihallisia ajatuksia Jumalan antamien hengellisten ajatusten sijaan. Tällöin sinun pitää katua välittömästi, kääntyä näistä pois ja etsiä hengellisiä ajatuksia. Tämä on näin sen tähden että me voimme tällöin alistaa itsemme Jumalalle ja olla Hänelle kuuliainen hengellisen mielemme avulla.

4. Lihalliset eivät voi miellyttää Jumalaa

Lihan mukaisen mielen omaavat ovat Jumalan vastaisia eivätkä he pysty alistumaan Jumalan laille. He niskoittelevat Jumalaa vastaan eivätkä he pysty miellyttämään Häntä. Lopulta he kärsivät koettelemuksista ja vaikeuksista.

Aabraham, uskon isä, etsi aina hengellisiä ajatuksia ja tämän tähden hän pystyi olemaan Jumalan käskyille kuuliainen vaikka Hän vaatii Aabrahamia uhraamaan oman Iisak-poikansa polttouhrina. Kuningas Saul taas seurasi päinvastoin lihallisia ajatuksia ja tuli lopulta hyljätyksi. Joona joutui suureen myrskyyn ja tuli suuren kalan nielaisemaksi. Israelin kansan piti kärsiä 40 vuoden ajan kovasta elämästä erämaassa Exoduksen jälkeen.

Sinulle annetaan mitä sinun sydämesi halajaa psalmin 37:4-6 mukaisesti kun sinä seuraat hengellisiä ajatuksia ja näytät uskon tekoja. *"Silloin sinulla on ilo Herrassa, ja hän antaa sinulle, mitä sinun sydämesi halajaa. Anna tiesi Herran haltuun ja turvaa häneen, kyllä hän sen tekee. Ja hän antaa sinun vanhurskautesi nousta niinkuin valkeuden ja sinun oikeutesi niinkuin keskipäivän."*

Jokaisen aidosti Jumalaan uskovan pitää ajaa pois kaikki paholais-vihollisen aiheuttamat niskoittelut ja pitää Jumalan käskyt ja tehdä Häntä miellyttäviä asioita. Tällöin hänestä tulee hengen ihminen joka voi saada mitä tahansa hän on pyytänyt.

5. Kuinka me voimme seurata Hengen tekoja?

Jumalan Poika, Jeesus, tuli tämän maan päälle viljanjyväksi syntisille heidän puolestaan kuollen. Hän avasi tien pelastukseen kaikille jotka ottavat Hänet vastaan ja tulevat Jumalan lapseksi ja Hän on korjannut lukemattomia hedelmiä. Hän ajatteli vain hengellisiä ajatuksia ja noudatti Jumalan tahtoa. Hän toi kuolleita takaisin elämään, paransi sairaita kaikenlaisista sairauksista ja laajensi Jumalan kuningaskuntaa.

Mitä sinun tulee tehdä voidaksesi seurata Jeesuksen esimerkkiä ja miellyttää Jumalaa?

Me joudumme Saatanan töiden kohteeksi ja elämme lihallisten ajatusten mukaisesti jos me emme rukoile.

Me voimme kuitenkin saada elämäämme Pyhän Hengen tekoja kun me rukoilemme lakkaamatta ja me voimme olla varmoja siitä mikä on oikein, olla vastoin syntiä ja vapaa tuomitsemisesta sekä seurata Pyhän Hengen tahtoa ja tulla vanhurskaaksi Jumalan silmissä. Jopa Jumalan Poika, Jeesus, teki Jumalan töitä rukouksen kautta. On Jumalan tahto että me rukoilemme taukoamatta ja niin sinä pystyt seuraamaan hengellisiä ajatuksia ja miellyttämään Jumalaa kun sinä et lakkaa rukoilemasta.

Toisekseen, sinun pitää tehdän hengellisiä tekoja vaikka sinä et sitä haluaisikaan. Usko ilman tekoja on pelkkää uskoa tietoutena. Se on kuollutta uskoa. On syntiä jos sinä tiedät mitä sinun pitää tehdä mutta et kuitenkaan tee niin. Joten jos sinä haluat seurata Jumalan tahtoa ja miellyttää Häntä sinun tulee tehdä uskon tekoja.

Kolmanneksi, sinun pitää katua ja saada taivaasta voimaa

niin että sinä voisit omata tekojen säestämää uskoa. Lihalliset ajatukset ovat vihamielisiä Jumalaa kohtaan ja Hän kokee ne vastenmielisiksi. Ne rakentavat synnin muurin Jumalan ja sinun itsesi välille, minkä tähden sinun pitää katua niitä ja heittää ne pois. Katumus on aina osa hyvää kristillistä elämää mutta voidaksesi heittää pahat teot pois sinun pitää korjata sydämesi ja katua tekojasi.

Sinun sydämesi on levoton jos sinä teet syntiä siitä huolimatta että sinä tiedät tekeväsi väärin. Katuessasi syntejäsi kyynelehtien huoli ja levottomuus lähtee sinusta ja sinä tunnet olosi virkistyneeksi ja sinä tunnet että sinä olet Jumalan kanssa sovinnossa. Tällöin sinä voit saada mitä sinun sydämesi halajaa. Sinä tulet katumaan syntejäsi sydämesi korjaten jos sinä jatkat rukoilemista pahuuden kaikkien muotojen poisheittämiseksi. Pyhä Henki polttaa sinun syntiset piirteesi ja synnin muurit tuhoutuvat. Tällöin sinä voi elää Hengen tekojen mukaisesti Jumalaa suuresti miellyttäen.

Sinun sydämesi saattaa kenties tuntua raskaalta sen jälkeen kun sinä olet ottanut Pyhän Hengen vastaan Jeesukseen Kristukseen uskomisen kautta. Tämä johtuu siitä että sinä löydät itsesi vastustamasta Jumalaa lihallisten ajatustesi tähden. Joten sinun pitää tuhota synnin muuri palavan rukouksen avulla ja sitten seurata Pyhän Hengen tahtoa ja tehdä Hengen tekoja hengellisten ajatusten mukaisesti. Tämän johdosta riemu ja rauha laskeutuvat sydämeesi ja sinä saat vastauksia rukouksiisi ja kaikki sinun sydämesi halut toteutuvat.

Jeesus sanoi jakeessa Mark 9:23: *"'Jos voit!' Kaikki on mahdollista sille, joka uskoo."* Tämän mukaisesti minä rukoilen meidän Herramme Jeesuksen Kristuksen nimessä että jokainen teistä heittäisi Jumalan vastaiset lihalliset ajatuksensa pois ja kulkisi uskossa Pyhän Hengen tekojen mukaisesti niin että te voisitte miellyttää Jumalaa, tehdä Hänen tekojaan ja laajentaa Hänen kuningaskuntaansa!

Luku 3

Tuhoa kaikenlaiset ajatukset ja teoriat

"Vaikka me vaellammekin lihassa,
emme kuitenkaan lihan mukaan sodi;
sillä meidän sota-aseemme eivät ole lihalliset,
vaan ne ovat voimalliset Jumalan
edessä hajottamaan maahan linnoituksia.
Me hajotamme maahan järjen päätelmät
ja jokaisen varustuksen,
joka nostetaan Jumalan tuntemista vastaan,
ja vangitsemme jokaisen ajatuksen kuuliaiseksi Kristukselle
ja olemme valmiit rankaisemaan kaikkea tottelemattomuutta,
kunhan te ensin olette täysin kuuliaisiksi tulleet."

2. Korinttolaiskirje 10:3-6

Kuten sanottua, usko voidaan jakaa kahteen kategoriaan; hengelliseen uskoon ja lihalliseen uskoon. Lihallista uskoa voidaan kutsua myös tietouden uskoksi. Sinä voit saada tietouden uskoa kun sinä ensi kertaa kuulet Jumalan sanaa. Tämä on lihallista uskoa. Mitä enemmän sinä kuitenkin ymmärrät sanaa ja elät sen mukaisesti sitä enemmän sinä voit omata hengellistä uskoa.

Jumala iloitsee ja antaa sinulle hengellistä uskoa jos sinä ymmärrät Jumalan sanan totuuden hengellisen merkityksen ja luot perustuksen uskolle elämällä tämän ymmärryksen mukaisesti. Joten tämän taivaasta annettavan hengellisen uskon avulla sinä voit saada vastauksia rukouksiisi ja ratkaisuja ongelmiisi. Sinä tulet myös kokemaan elävän Jumalan kohtaamisen.

Tämän kokemuksen kautta epäilykset jättävät sinut, ihmisajatukset ja teoriat tuhoutuvat ja sinä seisot uskon kalliolla joka ei koskaan vapise koettelemuksien tai vaikeuksien takia. Uskon perustukset on luotu lopullisesti kun sinusta on tullut totuuden mies ja sinä omaat Kristuksen kaltaisen sydämen. Tämän uskon perustuksen avulla sinä voit saada kaiken mitä sinä olet uskossa pyytänyt.

Kuten Herra Jeesus sanoi Matteuksen jakeessa 8:13: *"Sinä uskot, niin sinulle tapahtukoon"*, kyseessä on usko jonka kautta sinä voit saada kaiken mitä sinä olet pyytänyt jos sinä omaat täyttä hengellistä uskoa.

Syventykäämme seuraavaksi muutamaan hengellistä

uskoa koskevaan kysymykseen. Mitkä asiat estävät hengellisen uskon saamista? Kuinka me voimme saada hengellistä uskoa? Minkälaisia siunauksia hengellisen uskon isät saivat Raamatussa? Ja lopulta me katsomme miksi lihallisiin asioihin keskittyneet tulivat hyljätyiksi.

1. Esteet hengellisen uskon saamiseen

Hengellisen uskon avulla sinä voit kommunikoida Jumalan kanssa. Sinä voit kuulla Pyhän Hengen äänen selvästi. Sinä voit saada vastauksia rukouksiisi ja pyyntöihisi. Sinä voit kirkastaa Jumalaa syödessäsi, juodessasi ja tehdessäsi mitä muuta tahansa. Sinä tulet myös elämään suosiossa, tunnustettuna sekä Jumalan takaamana.

Miksi ihmiset eivät sitten aina onnistu saamaan hengellistä uskoa? Tutkikaamme seuraavaksi minkälaiset asiat estävät meitä saamasta hengellistä uskoa.

1) Lihalliset asiat

Room. 8:6-7 sanoo: *"Sillä lihan mieli on kuolema, mutta hengen mieli on elämä ja rauha; sentähden että lihan mieli on vihollisuus Jumalaa vastaan, sillä se ei alistu Jumalan lain alle, eikä se voikaan."*

Mieli voidaan jakaa kahteen osaan. Toinen näistä on luonteeltaan lihallinen ja toinen hengellinen. Lihallinen mieli viittaa kaikenlaisiin lihaan säilöttyihin ajatuksiin ja se koostuu kaikenlaisista epätotuuksista. Lihallisset ajatukset kuuluvat syntiin sillä ne eivät ole Jumalan tahdon mukaisia. Ne synnyttävät kuolemaan kuten Room. 6:23 sanoo: *"Synnin palkka on kuolema."* Hengellinen mieli taas viittaa totuuden ajatuksiin ja se on Jumalan tahdon mukaista – hurskas ja hyvä. Hengelliset ajatukset synnyttävät elämän ja antavat meille rauhan.

Kuvittele, esimerkiksi kohtaavasi vaikeuksia tai koettelemuksen jota ei voida voittaa ihmisten voimin tai kyvyin. Lihalliset ajatukset tuottavat sinulle huolia ja levottomuutta. Hengelliset ajatukset kuitenkin johdattavat sinut heittämään huolesi pois ja kiittämään ja iloitsemaan Herrassa, sanoen: *"Olkaa aina iloiset. Rukoilkaa lakkaamatta. Kiittäkää joka tilassa. Sillä se on Jumalan tahto teihin nähden Kristuksessa Jeesuksessa"* (1. Tess. 5:16-18).

Joten hengelliset ajatukset ovat lihallisten ajatusten vastakohta ja niin sinusta ei voi tulla Jumalan lain alamaista niiden kanssa. Tämän tähden lihalliset ajatukset ovat vihamielisiä Jumalaa kohtaan ja estävät meitä omaamasta hengellistä uskoa.

2) Lihan teot/työt

Lihan teot/työt viittaavat kaikkiin teoissa ilmeneviin synteihin ja pahuuksiin Gal. 5:19-21 mukaan: *"Mutta lihan teot ovat ilmeiset, ja ne ovat: haureus, saastaisuus, irstaus, epäjumalanpalvelus, noituus, vihamielisyys, riita, kateellisuus, vihat, juonet, eriseurat, lahkot, kateus, juomingit, mässäykset ja muut senkaltaiset, joista teille edeltäpäin sanon, niinkuin jo ennenkin olen sanonut, että ne, jotka semmoista harjoittavat, eivät peri Jumalan valtakuntaa."*

Sinä et voi omata lihallista uskoa tai periä Jumalan kuningaskuntaa jos sinä et heitä lihan tekoja pois. Tämän tähden lihan teot estävät sinua saamasta hengellistä uskoa.

3) Kaikenlaiset teoriat

The Webster's Revised Unabridged Dictionary määrittelee "teorian" seuraavanlaisesti: "Doktriini tai asioiden laita mikä päättää spekuloinnin tai arvailun. Ilman käytäntöä: hypoteesi, spekulointi." tai "Asioiden laita yleisesti tai minkä tahansa tieteen abstraktit periaatteet." Tämä teorian idea on tietoutta joka tukee jonkin luomista jostakin mutta se ei kuitenkaan auta meitä saamaan hengellistä uskoa. Se rajoittaa meitä omaamasta hengellistä uskoa.

Käsitelkäämme kreationismin ja darwinilaisen evoluution teorioita. Suurin osa ihmisistä oppii koulussa että ihmiskunta on polveutunut apinoista. Raamattu puolestaan sanoo meille täysin päinvastaisesti että Jumala on luonut ihmisen. Sinun on täytynyt tehdä valinta ja seurata uskoasi joka sanoo että Jumala on luonut maailman jos sinä uskot kaikkivaltiaaseen Jumalaan. Sinulle on kuitenkin luultavasti opetettu koulussa evoluutioteoriaa.

Sinä voit omata hengellistä uskoa vasta sitten kun sinä

käännyt koulussa opetetusta evoluutioteoriasta Jumalan luomistyöhän. Muutoin kaikenlaiset teoriat estävät sinua omaamasta hengellistä uskoa sillä evoluutioteorian mukaan on mahdotonta uskoa että jokin olisi luotu tyhjästä. Ihmiset eivät pysty esimerkiksi valmistamaan elämän siemeniä, siittiötä tai munasolua, kaiken tieteen avullakaan. Kuinka voisi sitten olla mahdollista uskoa että jokin olisi luotu tyhjästä muutoin kuin hengellisen uskon avulla?

Joten meidän pitää torjua nämä väitteet ja teoriat sekä kaikki muut voimalliset asiat jotka seisovat Jumalan tuntemisen edessä ja meidän tulee suunnata kaikki ajatuksemme Herraan ja olla Hänelle kuuliaisia.

2. Saul seurasi lihallisia ajatuksia ja niskoitteli

Saul oli Israelin kuningaskunnan ensimmäinen kuningas. Hän ei kuitenkaan elänyt Jumalan tahdon mukaisesti. Hän nousi valtaistuimelle kansan pyynnöstä. Jumalan käski häntä iskemään amalekialaisia vastaan ja tuhoamaan kaiken mikä hänen valtaansa joutui sekä tappamaan sekä miehet ja naiset, lapset ja vauvat, härät ja lampaat sekä kamelit ja aasit mitään tai ketään säästämättä. Kuningas Saul voitti amalekialaiset ja sai suuren voiton. Hän ei kuitenkaan noudattanyt Jumalan käskyä vaan säästi parhaat lampaat ja härät.

Saul toimi omien lihallisten ajatustensa mukaisesti ja säästi Aagagin hengen sekä parhaat lampaat, härät, syöttövasikat, karitsat sekä kaiken muun hyvän aikoen uhrata tämän Jumalalle. Hän ei halunnut tuhota tätä kaikkea. Tämä oli Jumalan silmissä niskoittelua ja ylpeyttä. Jumala torui häntä hänen vääryyksiensä tähden profeetta Samuelin kautta niin että hän voisi katua ja kääntyä teoistaan. Kuningas Saul kuitenkin esitti vain tekosyitä ja piti kiinni hurskaudestaan (1. Samuel 15:2-21).

Nykyään monet uskovat toimivat Saulin tavoin. He eivät ymmärrä niskoittelevansa eivätkä he tunnusta tätä kun heitä torutaan sen johdosta. Sen sijaan he esittävät vain tekosyitä ja pitävät kiinni omista tavoistaan lihallisten ajatustensa mukaisesti. Lopulta heidät leimataan niskoittelijoiksi jotka ovat Saulin tavoin lihallisia. Sata sadasta henkilöstä omaa omanlaisia ajatuksia ja niin he eivät voi toimia yhdessä jos he toimivat oman päänsä mukaisesti. He päätyvät niskoittelemaan jos he toimivat oman päänsä mukaisesti. He voivat kuitenkin olla kuuliaisia ja toimia yhdessä jos he toimivat Jumalan totuuden mukaisesti.

Jumala lähetti profeetta Samuelin Saulin luokse. Saul ei ollut noudattanut Jumalan sanaa ja profeetta sanoi Saulille näin: *"Sillä tottelemattomuus on taikuuden syntiä, ja niskoittelu on valhetta ja kuin kotijumalain palvelusta. Koska sinä olet hyljännyt Herran sanan, on myös hän hyljännyt sinut, etkä sinä enää saa olla kuninkaana"* (1 Sam. 15:23).

Samalla tavalla on niskoittelua Jumalaa vastaan jos henkilö luottaa omiin ajatuksiinsa eikä seuraa Jumalaa. Jumalalla ei ole muuta vaihtoehtoa kuin hylätä tämänkaltainen henkilö Saulin tavoin jos hän ei ymmärrä omaa niskoitteluaan ja käänny teoistaan.

1. Samuel 15:23 kertoo kuinka Samuel puhui Saulille: *"Haluaako Herra polttouhreja ja teurasuhreja yhtä hyvin kuin kuuliaisuutta Herran äänelle? Katso, kuuliaisuus on parempi kuin uhri ja tottelevaisuus parempi kuin oinasten rasva."* Sinun pitää katua ja kääntyä ajatuksistasi välittömästi jos ne ovat Jumalan sanan vastaisia. Sillä ei ole mitään väliä kuinka oikeilta ne saattavat tuntua. Sinun pitää myös lisäksi tehdä ajatuksistasi Jumalan tahdolle kuuliaisia.

3. Jumalan sanalle kuuliaiset uskon isät

Daavid oli Israelin toinen kuningas. Lapsuudestaan saakka hän pidättäytyi seuraamasta omia ajatuksiaan kulkien ainoastaan Jumalan uskossa. Hän ei pelännyt karhuja tai leijonia paimentaessaan laumaansa ja ajoittain hän kamppaili leijonien ja karhujen kanssa voitokkaasti uskossaan suojellessaan laumaansa. Myöhemmin hän voitti Goljatin, filistealaisten mestarin, uskonsa avulla.

Kerran Daavid kuitenkin niskoitteli Jumalaa vastaan sen jälkeen kun hän oli noussut valtaistuimelleen. Profeetan toruessa häntä tämän johdosta hän ei esittänyt lainkaan tekosyitä vaan katui välittömästi tekojaan ja kääntyi niistä pois. Lopulta hänestä tuli tämän johdosta entistä pyhittyneempi. Näin Saulin, lihallisten ajatusten miehen ja Daavidin, hengen ihmisen, välillä oli suuri ero (1. Samuel 12:13).

Paimentaessaan laumoja aavikolla 40 vuoden ajan Mooses tuhosi kaikenlaiset ajatukset ja teoriat ja nöyrtyi Jumalan edessä kunnes Jumala saattoi kutsua hänet johtamaan Israelin kansan pois Egyptin orjuudesta.

Aabraham kutsui vaimoaan "sisareksi" lihallisten ajatusten mukaan. Hänestä tuli kuitenkin koettelemusten kautta hengen ihminen ja niin hän saattoi olla Jumalan käskyille kuuliainen vaikka Hän käski tätä uhraamaan poikansa Iisakin polttouhrina. Aabraham ei olisi voinut noudattaa tätä käskyä jos hän olisi luottanut lihallisiin ajatuksiin edes hieman. Iisak oli hänen ainoa poikansa jonka hän oli saanut myöhäisinä vuosinaan vastaukseksi Jumalan lupaukselle siemenestä. Joten ihmisten ajatusten perusteella hän olisi voinut pitää epäsopivana ja mahdottomana että hän leikkaisi poikansa palasiksi kuin eläimen ja uhraisi hänet alttarilla. Aabraham ei kuitenkaan koskaan valittanut vaan luotti sen sijaan siihen että Jumalan pystyisi herättämään hänet kuolleista. Niin hän noudatti Jumalan käskyä (Hepr. 11:19).

Kuningas Aaramin armeijan komentaja Naaman oli kuninkaansa erittäin arvostama ja erittäin suosittu. Hän kuitenkin sairastui spitaaliin ja saapui sitten profeetta Elisan eteen jotta tämä parantaisi hänet. Hän toi mukanaan paljon lahjoja voidakseen kokea Jumalan työt mutta Elisa ei kuitenkaan päästänyt häntä sisään vaan lähetti sen sijaan palvelijansa hänen luokseen. *"Mene ja peseydy seitsemän kertaa Jordanissa, niin lihasi tulee entisellensä, ja sinä tulet puhtaaksi"* (2. Kun. 5:10). Lihallitsen ajatustensa perusteella Naaman piti tätä epäkohteliaana ja hän suuttui Elisalle.

Hän kuitenkin tuhosi lihalliset ajatuksensa ja noudatti Elisan palvelijan antamaa neuvoa. Hän kastoi itsensä Jordan-joessa seitsemän kertaa ja hänen lihansa palautui ennalleen ja hän puhdistui sairaudesta.

Vesi symboloi Jumalan sanaa ja numero seitsemän edustaa täydellisyyttä. Niin Jordan-jokeen seitsemän kertaa kastautuminen tarkoittaa Jumalan sanan avulla täydellisen pyhittyneisyyden saavuttamista. Sinä voit saada ratkaisuja kaikenlaisiin ongelmiin kun sinä tulet pyhittyneeksi. Joten Naaman koki ihmeellisiä Jumalan tekoja kun hän noudatti profeetta Elisan hänelle ilmoittamaa Jumalan sanaa (2. Kun. 5:1-14).

4. Sinä voit olla kuuliainen kun sinä olet heittänyt pois ihmisten ajatukset ja teoriat

Jaakob oli ovela mies jolla oli paljon erilaisia ajatuksia joiden perusteella hän yritti saada tahtonsa useiden eri juonien avulla. Tämän johdosta hän kärsi paljon vaikeuksia 20 vuoden ajan.

Lopulta hän joutui vaikeaan tilanteeseen Jaabok-joella. Hän ei voinut palata setänsä taloon tämän kanssaan solmimansa sopimuksen tähden eikä hän voinut jatkaa matkaa joen yli sillä hänen vanhempi veljensä Eesau odotti häntä siellä tappaakseen hänet. Tässä epätoivoisessa tilanteessa hänen omahyväisyytensä ja kaikki hänen lihalliset ajatuksensa tuhoutuivat täysin. Jumala kosketti Eesaun sydäntä niin että hän teki sovinnon veljensä kanssa. Tällä tavalla Jumala avasi tien elämään niin että Jaakob pystyi täyttämään Jumalan suunnitelman (Genesis 33:1-4).

Jumala sanoo jakeissa Room. 8:5-7 seuraavasti: *"Sillä niillä, jotka elävät lihan mukaan, on lihan mieli, mutta niillä, jotka elävät Hengen mukaan, on Hengen mieli. Sillä lihan mieli on kuolema, mutta hengen mieli on elämä ja rauha; sentähden että lihan mieli on vihollisuus Jumalaa vastaan, sillä se ei alistu Jumalan lain alle, eikä se voikaan."* Tämän tähden meidän pitää tuhota jokainen mielipide, teoria ja ajatus joka nousee vastustamaan Jumalan tuntemista. Meidän pitää tehdä jokaisesta ajatuksestamme Kristukselle kuuliainen niin että me voimme saada hengellistä uskoa ja näyttää kuuliaisuuden tekoja.

Jeesus antoi Matteuksen jakeissa 5:39-42 uuden käskyn. Hän sanoi: *"Mutta minä sanon teille: älkää tehkö pahalle vastarintaa; vaan jos joku lyö sinua oikealle poskelle, käännä hänelle toinenkin; ja jos joku tahtoo sinun kanssasi käydä oikeutta ja ottaa ihokkaasi, anna hänen saada vaippasikin; ja jos joku pakottaa sinua yhden virstan matkalle, kulje hänen kanssaan kaksi. Anna sille, joka sinulta anoo, äläkä käännä selkääsi sille, joka sinulta lainaa pyytää."* Sinä et voi olla kuuliainen tälle käskylle ihmistajatusten voimin sillä ne ovat totuuden vastaisia. Sinä voit kuitenkin olla riemuiten kuuliainen jos sinä tuhoat ihmisten lihalliset ajatukset. Tällöin Jumalan antaa kaiken tapahtua sinun hyväksesi kuuliaisuutesi kautta.

Sinä voit tunnustaa huulillasi että sinä uskot kuinka monta kertaa tahansa mutta ellet sinä hankkiudu eroon omista ajatuksistasi ja teorioistasi sinä et voi olla Jumalalle kuuliainen tai kokea Hänen tekojaan. Näin sinua ei voida myöskään ohjata vaurauteen ja kukoistukseen.

Minä kehotan teitä muistamaan mitä Jumala kirjasi Jesajan jakeisiin 55:8-9: *"Sillä minun ajatukseni eivät ole teidän ajatuksianne, eivätkä teidän tienne ole minun teitäni, sanoo Herra. Vaan niin paljon korkeampi kuin taivas on maata, ovat minun tieni korkeammat teidän teitänne ja minun ajatukseni teidän ajatuksianne."*

Sinun pitää välttää lihallisia ajatuksia ja ihmisten teorioita omaten sen sijaan hengellistä uskoa Jeesuksen ylistämän sadanpäämiehen tavoin joka luotti Jumalaan täydellisesti. Tämä sadanpäämies saapui Jeesuksen eteen ja pyysi Häntä parantamaan palvelijansa jonka koko keho oli täysin halvaantunut. Hän tunnusti uskovansa että tämä palvelija tulisi parantumaan Jeesuksen puhumien sanojen voimalla. Hän sai vastauksen uskonsa mukaisesti. Samalla tavalla sinä voit saada vastauksia kaikkiin rukouksiisi ja pyyntöihisi jos sinä omaat hengellistä uskoa, voiden täten kirkastaa Jumalaa.

Jumalan totuuden sana muuttaa ihmiskunnan hengen ja se tekee mahdolliseksi sen että me voimme omata tekojen säestämää uskoa. Sinä voit saada Jumalalta vastauksia tämän elävän ja hengellisen uskon avulla. Minä kehotan teitä kaikkia tuhoamaan lihalliset ajatukset ja ihmisten teoriat sekä omaamaan hengellistä uskoa niin että te voisitte saada kaiken mitä te olette uskossa pyytäneet ja kirkastaa Jumalaa.

Luku 4

Kylvä uskon siemeniä

"Jolle sanaa opetetaan,
se jakakoon kaikkea hyvää opettajallensa.
Älkää eksykö, Jumala ei salli itseänsä pilkata;
sillä mitä ihminen kylvää, sitä hän myös niittää.
Joka lihaansa kylvää, se lihasta turmeluksen niittää;
mutta joka Henkeen kylvää,
se Hengestä iankaikkisen elämän niittää.
Ja kun hyvää teemme, älkäämme lannistuko,
sillä me saamme ajan tullen niittää, jos emme väsy.
Sentähden, kun meillä vielä aikaa on,
tehkäämme hyvää kaikille,
mutta varsinkin uskonveljille."

Galatalaiskirje 6:6-10

Jeesus lupaa meille Markuksen jakeessa 9:23 seuraavasti: *"Jos voit! Kaikki on mahdollista sille, joka uskoo."* Joten kun sadanpäämies saapui Jeesuksen eteen ja osoitti suurta uskoa Jeesus anoi hänelle: *"Niinkuin sinä uskot, niin sinulle tapahtukoon"*, (Matt. 8:13) ja sadanpäämiehen palvelija parantui tällä samalla hetkellä.

Tämä on hengellistä uskoa joka johdattaa meidät uskomaan sellaiseen mitä ei voida nähdä. Kyseessä on myös tekojen säestämä usko joka antaa meidän paljastaa uskomme teoillamme. Tämä on uskoa jonka avulla me voimme uskoa että jokin on luoty tyhjästä. Tämän tähden Heprelaiskirje 11:1-3 määrittelee uskon seuraavanlaisesti: *"Mutta usko on luja luottamus siihen, mitä toivotaan, ojentautuminen sen mukaan, mikä ei näy. Sillä sen kautta saivat vanhat todistuksen. Uskon kautta me ymmärrämme, että maailma on rakennettu Jumalan sanalla, niin että se, mikä nähdään, ei ole syntynyt näkyväisestä."*

Jumala iloitsee uskostasi ja sallii sinun saada kaiken mitä sinä pyydät jos sinä omaat hengellistä uskoa. Mitä meidän pitää sitten tehdä voidaksemme omata hengellistä uskoa?

Maanviljelijä kylvää keväällä siemeniä ja kylvää hedelmänsä syksyllä. Samalla tavalla meidän pitää kylvää uskon siemeniä voidaksemme saada hengellisen uskon hedelmän.

Tarkistelkaamme seuraavaksi siementen kylvämisen ja hedelmien korjaamisen vertauskuvan kautta kuinka kylvää uskon siemeniä. Jeesus puhui väkijoukolle vertauskuvien avulla. Hän ei koskaan puhunut heille ilman vertauskuvia (Matt. 13:34). Tämä johtuu siitä että Jumala on henki ja me tässä fyysisessä maailmassa ihmisinä elävät emme voi ymmärtää Jumalan hengellistä maailmaa. Me voimme ymmärtää Jumalan todellista tahtoa vasta sitten kun meille on opetettu hengellisestä maailmasta fyysiseen maailmaan perustuvien vertauskuvien avulla. Tämän tähden minä aion selittää kuinka kylvää uskon siemeniä ja omata hengellistä uskoa maanviljelykseen liittyvien vertauskuvien avulla.

1. Uskon siementen kylväminen

1) Ensiksi, sinun pitää raivata pelto

Ennen kaikkea maanviljelijä tarvitsee pellon mihin kylvää siemenensä. Tehdäkseen pellostaan otollisen maanviljelijän pitää lannoittaa sitä, aurata maa, kerätä kiviä ja rikkoa paakut pienemmiksi. Tämä maanjalostuksen prosessi pitää sisällään maan auraamista, lanausta ja muunlaista parannusta. Vasta tämän jälkeen pellolle kylvetyt siemenet tulevat kasvamaan hyvin ja ne voivat tuottaa hyvän sadon.

Raamatussa Jeesus puhui meille neljästä erilaisesta maaperästä. Maaperä viittaa henkilön sydämeen. Ensimmäiseen kategoriaan kuuluu tienvarsi johon pudonneet siemenet eivät voi itää sillä maa on tässä liian kovaa. Toinen maaperä on kivinen pelto johon kylvetyt siemenet voivat vain hädin tuski itää ja siinä kasvavat kasvit kasvavat vain vaivoin maaperässä olevien kivien tähden. Kolmas maaperä on okainen maaperä jossa siemenet kyllä itävät mutta tulevat sitten orjantappuroiden tukahduttamaksi. Neljäs ja viimeinen maaperä on hyvä maaperä missä siemenet itävät, kasvavat, kukkivat ja kantavat paljon satoa.

Samalla tavalla ihmisen sydämen maaperä jaetaan neljään kategoriaan. Ensiksi on tienpenkereen kaltainen sydämen maaperä jonka avulla hän ei pysty ymmärtämään Jumalan sanaa. Toiseksi on kivinen sydämen maaperä jonka avulla he kyllä ottavat Jumalan sanan vastaan mutta sitten jättävät sen koettelemusten ja vaikeuksien uhatessa. Kolmas on okainen sydämen maaperä jossa maailmallisen huolet ja vaurauden kavaluus tukahduttavat Jumalan sanan ja estävät sanaa kuulevia kantamasta hedelmää. Viimeinen ja neljäs sydämen maaperä on hyvä maaperä jonka avulla henkilö ymmärtää Jumalan sanaa ja kantaa hedelmää. Mutta sydämesi maaperän laadusta huolimatta sinä voit muuttaa sen hyväksi jos sinä jalostat ja puhdistat sitä pellollaan työskentelvän maanviljelijän tavoin. Sinun pitää kääntää sitä ja tasoittaa sitä jos se on kovaa. Sinun pitää poimia siitä kiviä jos se on kivistä. Sinun pitää poistaa piikkejä jos se on okaista. Tämän jälkeen sinä voit tehdä siitä hyvää maaperää "lannoittamalla" sitä.

Maanviljelijä ei pysty raivaamaan ja jalostamaan siitä hyvää jos hän on luonteeltaan laiska. Tunnollinen maanviljelijä puolestaan tekee parhaansa vallatakseen ja raivatakseen maan tehdäkseen siitä hyvän kasvualustan. Maalaadun muuttuessa paremmaksi se tuottaa paremman sadon.

Sinä tulet tekemään parhaasi muuttaaksesi sydämesi hyväksi hikoillen ja uurastaen jos sinulla on vain uskoa. Tällöin sinun pitää kamppailla omia syntejäsi vastaan aina veren vuodatukseen saakka ja heittää ne pois voidaksesi ymmärtää Jumalan sanaa ja kantaa runsaasti hedelmää. Joten sinä voit poistaa sydämesi maaperästä jokaisen kiven, kitkeä siitä rikkaruohot ja muuttaa sen hyväksi heittämällä tunnollisesti pois kaikki syntisi Jumalan sanan mukaisesti heittämällä kaiken pahan pois Hänen käskynsä mukaisesti.

Maanviljelijä tekee työtään tunnollisesti ja uurastaa ahkerasti sen tähden että hän uskoo korjaavansa runsaan sadon jos hän vain auraa, lanaa ja jalostaa maata ja muuttaa sen hyväksi maaperäksi. Samalla tavalla minä toivon että sinä uskoisit että sinä tulet asumaan Jumalan rakkaudessa jos sinä jalostat ja muutat sydämesi maaperän hyväksi. Tällöin sinä voit tulla ohjatuksi kukoistukseen ja vaurauteen, parempaan paikkaan taivaassa sekä kamppailuun syntiesi poisheittämiseksi aina oman veresi vuodatukseen saakka. Tällöin sinun sydämeesi istutetaan hengellisen uskon siemen ja sinä kannat niin paljon hedelmää kuin mihin sinä vain pystyt.

2) Seuraavaksi, siemenet ovat tarpeellisia

Raivattuasi pellon sinun pitää kylvää siemenet ja auttaa niitä itämään. Maanviljelijä kylvää erilaisia siemeniä ja korjaa runsaasti erilaista satoa, kuten kaalia, salaattia, kurpitsaa, erilaisia papuja sekä muuta vastaavaa.

Samalla tavalla meidän täytyy kylvää sydämemme maaperään erilaisia siemeniä. Jumalan sana kehottaa meitä olemaan aina riemumielin, rukoilemaan lakkaamatta, kiittämään kaikissa tilanteissa, antamaan kymmenyksiä, pyhittämään Herran päivän sekä rakastamaan. Tultuaan istutetuksi sinun sydämeesi nämä sanat itävät, versovat ja kasvavat hengellisiä hedelmiä tuottaen. Sinä pystyt elämään Jumalan sanan mukaisesti ja omaamaan hengellistä uskoa.

3) Vesi ja auringonpaiste ovat tarpeellisia

Hyvän sadon korjaamiseksi ei riitä että maanviljelijä raivaa pellon ja kylvää siemenet. Tähän tarvitaan myös vettä ja auringonpaistetta. Vasta tällöin siemenet itävät ja kasvavat hyvin.

Mitä vesi sitten edustaa?

Jeesus sanoo Johanneksen jakeessa 4:14 seuraavasti: *"Joka juo sitä vettä, jota minä hänelle annan, se ei ikinä janoa; vaan se vesi, jonka minä hänelle annan, tulee hänessä sen veden lähteeksi, joka kumpuaa iankaikkiseen elämään."* Hengellisesti vesi viittaa "iankaikkiseen elämään kumpuavaan veteen" ja ikuinen vesi viittaa Jumalan sanaan Joh. 6.63 mukaisesti: *"Ne sanat, jotka minä olen teille puhunut, ovat henki ja ovat elämä."* Tämän tähden Jeesus sanoi näin jakeissa Joh. 6:53-

55: *"Totisesti, totisesti minä sanon teille: ellette syö Ihmisen Pojan lihaa ja juo hänen vertansa, ei teillä ole elämää itsessänne. Joka syö minun lihani ja juo minun vereni, sillä on iankaikkinen elämä, ja minä herätän hänet viimeisenä päivänä. Sillä minun lihani on totinen ruoka, ja minun vereni on totinen juoma."* Me voimme tämän mukaan kulkea kohti ikuista elämää ja omata hengellistä uskoa vasta sitten kun me tunnollisesti luemme, kuuntelemme ja mietimme Jumalan sanaa ja rukoilemme vilpittömästi.

Mitä auringonpaiste sitten tarkoittaa?

Auringonpaiste auttaa siemeniä itämään ja kasvamaan kunnolla. Samalla tavalla Jumalan sana on pimeyden sydämestäsi ajava kirkkaus jos se asettuu sydämeesi. Se puhdistaa sydämesi ja muuttaa sydämesi maaperän hyväksi. Sinä voit tällöin omata hengellistä uskoa sen mukaan kuinka paljon kirkkaus täyttää sinun sydäntäsi.

Maanviljelyksestä kertovan vertauskuvan avulla me olemme oppineet että meidän pitää raivata sydämen maaperä, kylvää hyviä siemeniä ja antaa niille vettä ja auringonpaistetta. Tarkistelkaamme seuraavaksi kuinka istuttaa uskon siemen sekä kuinka kasvattaa niitä.

2. Kuinka istuttaa ja kasvattaa uskon siemeniä

1) Ensinnäkin, sinun pitää kylvää uskon siemenet Jumalan tahdon mukaisesti

Maanviljelijä kylvää siemenet eri tavalla sen mukaan minkälaisia ne ovat. Hän istuttaa osan siemenistä syvälle maaperään kun taas toiset hän painelee vain kevyesti maan peittoon. Samalla tavalla sinun pitää vaihdella sitä kuinka sinä kylvät uskon siemeniä Jumalan sanan avulla. Esimerkiksi rukousta kylväessäsi sinun pitää itkeä vilpittömin sydämin sekä polvistua säännöllisesti kuten Jumalan sanan mukaan on selitetty. Vasta tällöin sinä voit saada Jumalalta vastauksia (Luuk. 22:39-46).

2) Toisekseen, sinun pitää kylvää uskossa

Sinun pitää kylvää uskon siemeniä – Jumalan sanaa – ilolla, toivoen että Jumala sallii sinun korjata runsaasti. Samalla tavalla maanviljelijä on tunnollinen ja malttamaton kylväessään siemeniä sen tähden että hän uskoo ja toivoo saavansa korjata suuren sadon. Joten jakeissa 2. Kor. 9:6-7 Hän rohkaisee meitä, sanoen: *"Huomatkaa tämä: joka niukasti kylvää, se myös niukasti niittää, ja joka runsaasti kylvää, se myös runsaasti niittää. Antakoon kukin, niinkuin hänen sydämensä vaatii, ei surkeillen eikä pakosta; sillä iloista antajaa Jumala rakastaa."*

Sekä tämän maailman että hengellisen maailman lakien mukaan meidän pitää korjata mitä me olemme kylväneet. Joten mitä enemmän sinun uskosi kasvaa, sitä paremmaksi sydämesi maaperä muuttuu. Kylväessäsi enemmän sinä myös korjaat enemmän. Joten sinun pitää kylvää kaikki mahdolliset siemenesi uskossa, riemuiten ja kiitollisena niin että sinä voit korjata runsaan sadon.

3) Kolmanneksi, sinun tulee pitää hyvää huolta itävistä siemenistä

Sen jälkeen kun maanviljelijä on valmistanut maaperän ja kylvänyt siemenet hänen täytyy kastella kukkivat kasvit, estää matojen ja hyönteisten vaikutus käyttämällä tuholaismyrkkyjä, jatkaa pellon lannoittamista ja rikkaruohojen kitkemistä. Muuten hänen kasvinsa kuihtuvat eivätkä ne voi kasvaa. Myös Jumalan sanaa pitää jalostaa jatkuvasti sen jälkeen kun se on istutettu jottei Saatana ja paholainen pääsisi lähelle. Sitä pitää jalostaa palavin rukouksin ja siitä tulee pitää kiinni iloiten ja kiitollisena palveluksissa käyden, uskoa jakaen ja Jumalan sanaa kuunnellen, lukien ja palvellen. Tällöin kylvetty siemen voi itää, kukoistaa ja kantaa hedelmää.

3. Prosessi, minkä kautta kukat puhkeavat ja hedelmät kasvavat

Jollei maanviljelijä pidä kylvän jälkeen siemenistään huolta ne voivat tulla matojen syömäksi tai rikkaruohojen tukahduttamiksi jotka estävät niiden kasvun ja hedelmien tuottamisen. Maanviljelijän ei pidä väsyä työhänsä vaan kasvattaa kasvejaan kärsivällisesti siihen saakka että hän voi korjata hyvän ja runsaan sadon. Oikean hetken koittaessa maanviljelijä voi lopulta korjata iloiten hyvän sadon. Kuinka iloinen hän tuleekaan olemaan kun kaikki hänen näkemänsä vaiva ja kärsivällisyys muuttuu hyviksi ja arvokkaiksi hedelmiksi joita hän voi korjata 100-, 60-, tai 30-kertaisesti hänen kylvämiinsä siemeniin verrattuna!

1) Ensinnäkin, hengellinen kukka kukkii

Mitä tarkoittaa että uskon siemenet kasvavat ja kukkivat hengellisesti? Kukkiessaan kukat levittävät ympärilleen armoa mikä houkuttaa kimalaisia ja perhosia. Samalla tavalla mekin voimme kukkia hengellisesti ja levittää Kristuksen aromia sen mukaan kuinka me elämme Jumalan sanan mukaisesti kun me olemme kylväneet Jumalan sanan siemeniä sydämemme maaperään missä niistä on huolehdittu. Tämän lisäksi me pystymme olemaan maailman kirkkauden ja suolan roolissa niin että useat ihmiset näkevät hyvät tekomme ja kirkastavat taivaallista Isää (Matt. 5:16).

Paholais-vihollinen tulee ajetuksi pois jos sinä levität ympärillesi Kristuksen aromia ja sinä pystyt tälllöin kirkastamaan Jumalaa kotonasi, työpaikallasi ja liikeyrityksessäsi. Sinä voit kirkastaa Jumalaa olit sinä sitten syömässä tai juomassa tai tekemässä mitä muuta tahansa. Tämän johdosta sinä tulet kantamaan evankelioinnin hedelmää, saavuttamaan Jumalan kuningaskunnan ja hurskauden ja muuttumaan hengen ihmiseksi raivaamalla sydämesi maaperän ja tekemällä siitä hyvän.

2) Seuraavaksi, hedelmät ilmestyvät ja kypsyvät

Kukkien puhjettua kukkaan hedelmät alkavat ilmestyä. Niiden kypsyttyä maanviljelijä korjaa ne. Minkälaisia hedelmiä me kannamme jos me sovellamme tätä uskoomme? Me voimme kantaa erilaisia Pyhän Hengen hedelmiä Galatalaiskirjeen jakeisiin 5:22-23 kirjatut Pyhän Hengen hedelmät, Matteuksen viidennen kirjan hyveet sekä 1. Kor. 13. kirjan hengellinen rakkaus mukaanlukien.

Raamattua lukemalla ja Jumalan sanaa kuuntelemalla me voimme tutkia olemmeko me tuottaneet kukkia tai kantaneet hedelmää sekä sen kuinka kypsiä nämä hedelmät ovat. Hedelmien ollessa täysin kypsiä me voimme korjata ne milloin tahansa ja nauttia tarpeen mukaan. Psalmi 37:4 sanoo: *"Silloin sinulla on ilo Herrassa, ja hän antaa sinulle, mitä sinun sydämesi halajaa."* Tämä vastaa miljardien dollareiden tallettamista pankkiin ollen vapaa tuhlaamaan ne miten tahansa.

3) Viimeiseksi, sinä korjaat niinkuin olet kylvänyt

Maanviljelijä korjaa satokaudella mitä hän on kylvänyt, toistaen tämän vuodesta toiseen. Tässä sadon määrä riippuu siitä kuinka paljon hän on kylvänyt ja kuinka tunnollisesti ja uskollisesti hän on huolehtinut siemenistä.

Sinun henkesi kukoistaa jos sinä olet kylvänyt rukousta ja sinä saat nauttia hyvästä terveydestä niin hengellisesti kuin fyysisestikin jos sinä olet kylvänyt uskollisesti ja palvellen. Sinä tulet nauttimaan taloudellisia siunauksia ja sinä saat auttaa köyhiä niin paljon kuin vain haluat jos sinä olet kylvänyt taloudellisesti. Jumala lupaa meille Galatalaiskirjeessä 6:7: *"Älkää eksykö, Jumala ei salli itseänsä pilkata; sillä mitä ihminen kylvää, sitä hän myös niittää."*

Usea raamatunkohta vahvistaa tämän Jumalan lupauksen sanomalla että henkilö niittää niinkuin on kylvänyt. Ensimmäisen kuningasten kirjan 17. luku kertoo Sarpatissa asuvasta leskestä. Maassa ei ollut ollut lainkaan sadetta ja puro oli täysin kuivunut, minkä tähden hän ja hänen poikansa olivat nälkäkuoleman partaalla. Hän kuitenkin kylvi kourallisen jauhoa sekä hieman öljyä Elialle, Jumalan miehelle. Tuohon aikaan ruoka oli kultaakin kalliimpaa eikä hän olisi voinut tehdä tätä ilman uskoa. Hän uskoi ja luotti Jumalan sanaan joka oli profetoitu Elian kautta ja kylvi siten uskossa. Jumala antoi hänelle uskomattomia siunauksia hänen uskonsa ansiosta ja hän, hänen poikansa ja Elia saivat syödä niin kauan kunnes nälänhätä vihdoin päättyi (1. Kun. 17:8-16).

Mark. 12:41-44 kertoo köyhästä leskestä joka tiputti kaksi pientä ropoa keräysastiaan. Kuinka suuren siunauksen hän saikaan kun Jeesus ylisti hänen tekoaan!

Jumala on asettanut hengellisen maailman lait ja Hän sanoo meille että me niitämme niinkuin olemme kylväneet. Minä kuitenkin kehotan teitä muistamaan että on Jumalan pilkkaamista jos te haluatte korjata vaikka ette ole kylväneet. Teidän pitää uskoa että Jumala tulee sallia teidän korjata 100-, 60-, tai 30-kertaisesti kylvämäänne verrattuna.

Tämän maanviljelistä kertovan vertauskuvan avulla me olemme tutkineet kuinka uskon siemen tulee istuttaa ja kuinka se pitää kasvattaa hengellisen uskomme kasvattamiseksi. Nyt minä haluan että sinä raivaat sydämesi maaperän ja muokkaat sen hyväksi. Kylvä uskon siemeniä ja kasvata niitä huolellisesti. Sinun tulee kylvää mahdollisimman paljon ja kasvattaa niitä uskossa ja toivossa ja kärsivällisyydessä saadaksesi 100-, 60-, tai 30-kertaisesti siunauksia. Oikean hetken koittaessa sinä tulet korjaamaan hedelmää ja kirkastamaan Jumalaa suuresti.

Minä kehotan teitä kaikkia uskomaan jokaiseen Raamatun sanaan ja kylvämään uskon siemeniä Jumalan sanan opetusten mukaisesti niin että te voitte kaikki kantaa runsaasti hedelmää, kirkastaa Jumalaa ja nauttia kaikenlaisista siunauksista!

Luku 5

"'Jos voit!'
Kaikki on mahdollista!"

Ja Jeesus kysyi hänen isältään:
"Kuinka kauan aikaa tätä on hänessä ollut?"
Niin hän sanoi: "Pienestä pitäen.
Ja monesti se on heittänyt hänet milloin tuleen,
milloin veteen, tuhotakseen hänet.
Mutta jos sinä jotakin voit, niin armahda meitä ja auta meitä."
Niin Jeesus sanoi hänelle: "'Jos voit!'
Kaikki on mahdollista sille, joka uskoo."
Ja heti lapsen isä huusi ja sanoi:
"Minä uskon; auta minun epäuskoani."
Mutta kun Jeesus näki, että kansaa riensi sinne,
nuhteli hän saastaista henkeä ja sanoi sille:
"Sinä mykkä ja kuuro henki, minä käsken sinua:
lähde ulos hänestä, äläkä enää häneen mene."
Niin se huusi ja kouristi häntä kovasti ja lähti ulos.
Ja hän kävi ikäänkuin kuolleeksi, niin että monet sanoivat:
"Hän kuoli." Mutta Jeesus tarttui hänen käteensä
ja nosti hänet ylös. Ja hän nousi.

Mark 9:21-27

Ihmiset säilövät elämänkokemuksiaan sen kautta mitä he ovat kokeneet ilo, suru ja kaikenlaiset kivut mukaanlukien. Monet kohtaavat joskus vakavia ongelmia joita he eivät pysty ratkaisemaan kyynelten, kestävyyden tai muilta saamansa avun avulla. Nämä ovat ongelmia tai sairauksia joita ei voida parantaa nykylääketieteen avulla; henkisiä ongelmia elämän stressistä joita mikään filosofia tai psykologia ei pysty ratkaisemaan; ongelmia kotona ja lasten kanssa joita mikään määrä vaurautta ei pysty ratkaisemaan; ongelmia liike-elämässä ja talouden kanssa joita mikään ei pysty ratkaisemaan. Lista jatkuu jatkumistaan. Kuka voi ratkaista kaikki nämä ongelmat?

Mark. 9:21-27 kuvaa keskustelun Jeesuksen ja riivaajien riivaaman lapsen isän välillä. Lapsi oli sekä kuuromykkä että kärsi epilepsiakohtauksista. Hän heitti itsensä usein veteen ja tuleen riivaajiensa tähden. Riivaajien ottaessa hänet valtaan ne repivät hänet maahan ja hänen suunsa vaahtosi, hän puri hampaitaan yhteen ja hänen kehonsa jäykistyi.

Tarkistelkaamme seuraavaksi kuinka tämä isä sai ratkaisun tähän ongelmaan Jeesukselta.

1. Jeesus torui isää tämän epäuskon tähden

Lapsi oli ollut kuuromykkä syntymästään saakka eikä hän

siten pystynyt kuulemaan ketään. Hänellä oli myös suuria vaikeuksia saada muita ymmärtämään itseään. Epilepsia riivasi häntä usein ja hän kärsi kouristuksista. Tämän tähden hänen isänsä elämä oli yhtä piinaa ja levottomuutta eikä hänessä elänyt toivoa.

Aikanaan tämä isä kuuli Jeesuksesta joka oli herättänyt kuolleita takaisin elämään, parantanut sairaita kaikenlaisista sairauksista, avannut sokeiden silmät ja tehnyt erilaisia ihmeitä. Nämä uutiset istuttivat toivoa tämän isän sydämeen. Hän ajatteli: "Jos hän omaa sellaisia voimia joista minä olen kuullut, hän saattaa pystyä parantamaan poikani kaikista hänen sairauksistaan." Hän epäili että hänen pojallaan oli mahdollisuus tulla parannetuksi. Odottavaisena hän toi poikansa Jeesuksen eteen ja anoi Häntä. Hän pyysi Jeesusta auttamaan heitä jos Hän vain pystyisi.

Kun Jeesus kuuli häntä Hän torui isää tämän epäuskon tähden. Hän sanoi: "'Jos voit!' Kaikki on mahdollista sille, joka uskoo!" Tämä johtui siitä että isä oli kuullut Jeesuksesta mutta hän ei ollut uskonut Häneen sydämensä pohjasta.

Isä ei olisi koskaan kyseenalaistanut Jeesuksen voimaa auttaa häntä ja hänen poikaansa jos hän olisi todellakin aidosti uskonut että Jeesus oli Isä Jumalan Poika jolle mikään ei ole mahdotonta.

Ilman uskoa on mahdotonta miellyttää Jumalaa, ja ilman hengellistä uskoa ei ole mahdollista saada vastauksia. Jeesus halusi johdattaa isän ymmärtämään tämän ja tämän tähden Hän sanoi:

"Jos voit!", ja torui häntä siitä että hän ei uskonut täydellisesti.

2. Kuinka omata täyttä uskoa

Jumala voi hyväksyä sinun uskosi kun sinä uskot siihen mitä ei voida nähdä. Tätä uskoa kutsutaan "hengelliseksi uskoksi." "eläväksi uskoksi" tai "tekojen säestämäksi uskoksi." Tämän uskon kautta sinä voit uskoa että jokin on luotu tyhjästä. Tämä johtuu siitä että usko on lujaa luottamusta siihen, mitä toivotaan ja ojentautumista sen mukaan, mikä ei näy (Hepr. 11:1-3).

Sinun pitää uskoa sydämessäsi ristin tiehen, ylösnousemukseen, Herran paluuseen, Jumalan luomistyöhän sekä ihmeisiin. Vasta tällöin sinun voidaan katsoa omaavan täyden uskon. Kyseessä on aito usko kun sinä tunnustat tämänkaltaista uskoa huulillasi.

Täyden uskon omaamiselle on kolme ehtoa.

Ensinnäkin, kaikkien synnin esteiden pitää tulla tuhotuksi sinun ja Jumalan väliltä. Sinun pitää tuhota löytämäsi synnin muurit niitä katumalla. Tämän lisäksi sinun pitää kamppailla syntejäsi vastaan aina oman veresi vuodatukseen saakka sekä välttää pahan kaikenlaisia muotoja jotta sinä välttyisit syntien tekemiseltä. Kuinka sinä voisit tehdä syntiä jos sinä vihaat sitä niin paljon että pelkästään synnin ajatteleminen saa sinut levottomaksi ja synnin näkeminen tekee sinut rauhattomaksi ja levottomaksi? Sen sijaan että sinä eläisit synnissä sinä voit nyt kommunikoida Jumalan kanssa ja omata uskon täyteyttä.

Toisekseen, sinun pitää seurata Jumalan tahtoa. Voidaksesi täyttää Jumalan tahtoa sinun pitää ensiksi ymmärtää selvästi mikä se on. Tämän jälkeen sinun ei pidä tehdä mitään mikä ei ole Hänen tahtonsa mukaista siitä huolimatta mitä sinä itse kenties haluaisit tehdä. Sinun pitää kuitenkin toimia Jumalan tahdon mukaisesti vaikka sinä et ehkä haluaisi niin tehdäkään. Jumala antaa sinulle täyden uskon kun sinä seuraat Hänen tahtoaan koko sydämelläsi vilpittömästi, vahvasti ja viisaudella.

Kolmanneksi, sinun pitää miellyttää Jumalaa Häntä kohtaan tuntemallasi rakkaudella. Sinä et koskaan jää ilman uskon täyteyttä jos sinä teet kaiken Jumalan kunniaksi olit sinä sitten syömässä, juomassa tai tekemässä jotakin muuta, ja jos sinä miellytät Jumalaa uhraamalla jopa itsesi. Tämä usko tekee mahdottoman mahdolliseksi. Tämän täyden uskon avulla sinä et tule vain uskomaan siihen minkä sinä voit nähdä ja minkä sinä pystyt saavuttamaan omin voiminesi vaan myös näkymättömään ja ihmisille mahdottomiin asioihin. Näin kaikki mahdoton tulee mahdolliseksi kun sinä tunnustat uskosi täyteydessä.

Jumalan sana sanoo: "'Jos voit!' Kaikki on mahdollista sille, joka uskoo!" Tämän mukaisesti sinä tulet voimaan kirkastamaan Häntä kaikessa mitä sinä teet.

3. Mikään ei ole mahdotonta sille joka uskoo

Mikään ei ole sinulle mahdotonta ja sinä voit saada vastauksia kaikenlaisiin ongelmiin kun sinulle annetaan uskon täyteys. Millä alueilla sinä voit kokea mahdottoman mahdolliseksi tekevät Jumalan voiman? Tarkistelkaamme kolmea eri osa-aluetta.

Ensimmäinen kolmesta osa-alueesta on sairauksien ongelma
Kuvittele, että sinä olet sairastunut bakteeri- tai virusinfektion tähden. Pyhän Hengen tuli polttaa tämän sairauden ja sinä paranet jos sinä osoitat uskoa ja täytyt Pyhällä Hengellä. Sinä pystyt siis parantumaan jos sinä kadut syntejäsi ja käännyt niistä pois. Sinun pitää avata sydämesi ja kuunnella Jumalan sanaa niin kauan kunnes sinä pystyt osoittamaan uskosi jos sinä olet vielä tuore uskova.

Seuraavaksi, sinun pitää osoittaa todisteita vakaasta uskosta jos sinä sairastut vakaviin sairauksiin joita ei voida parantaa lääketieteellisten hoitojen avulla. Sinä parannut vasta sitten kun sinä olet katunut syntejäsi perusteellisesti korjaamalla sydämesi ja sinä pidät Jumalasta kiinni kyynelehtevien rukousten kautta. Heikkoa uskoa omaavat tai kirkossa vasta vastikään käymään alkaneet eivät voi parantua kunnes heille annetaan hengellistä uskoa. Tämä parantuminen tulee tapahtumaan vähitellen sen mukaan kuinka usko lankeaa heidän päälleen.

Lopulta, fyysiset epämuodostumat, surkastumat, kuurous, henkiset ja fyysiset vammat ja perinnölliset sairaudet eivät voi parantua ilman Jumalan voimaa. Näistä kärsivien täytyy osoittaa vilpittömyytensä Jumalan edessä ja osoittaa että he rakastavat Häntä, ja heidän täytyy miellyttää Häntä niin että Jumala tunnistaa heidät. Tällöin parannustyöt voivat alkaa Jumalan voiman kautta.

Nämä parannuksen työt voivat tapahtua vasta sitten kun he osoittavat uskon tekoja kuten kerjäläis-Bartimeus joka huusi Jeesusta (Mark. 10:46-52), sadanpäämies joka paljasti suuren uskonsa (Matt. 8:6-13) ja halvaantunut mies sekä hänen neljä ystäväänsä jotka todistivat uskonsa Jeesuksen edessä (Mark. 2:3-12).

Toinen osa-alue on taloudelliset ongelmat

Sinun taloudelliset ongelmasi voivat ratketa ainoastaan omien kykyjesi ja voimiesi mukaisesti jos sinä yrität ratkoa niitä oman tietoutesi, tapojesi ja kokemuksiesi avulla ilman Jumalan apua. Sinun sielusi kuitenkin kukoistaa, kaikki sujuu kohdallasi hyvin ja sinä saat nauttia hyvästä terveydestä jos sinä heität syntisi pois, seuraat Jumalan tahtoa ja jätät ongelmasi Jumalan käsiin uskoen että Hän johdattaa sinut Hänen polulleen. Sinä saat myös Jumalalta suuria siunauksia sen ansiosta että sinä kuljet Pyhässä Hengessä.

Jaakob oli seurannut ihmisten teitä ja viisautta koko elämänsä ajan kunnes hän paini Jumalan enkelin kanssa Jaabokjoella. Enkeli kosketti hänen lonkkaansa ja sai sen sijoiltaan.

Painiessaan tämän enkelin kanssa Jaakob alisti itsensä Jumalalle ja jätti kaiken Hänen käteensä. Tuosta hetkestä eteenpäin hän sai siunauksia kanssaan olevalta Jumalalta. Samalla tavalla kaikki sujuu sinun suhteesi hyvin jos sinä rakastat Jumalaa, miellytätä Häntä ja jätät kaiken Hänen käsiinsä.

Kolmas koskee sitä kuinka saada hengellistä voimaa
1. Korinttolaiskirje 4:20 kertoo että Jumalan kuningaskunta ei koostu vain sanoista vaan voimasta. Voima kasvaa sen mukaan kuinka me omaamme uskon täyteyttä. Jumalan voima lankeaa päällemme meidän rukoustemme mitan, uskon ja rakkauden mukaisesti. Jumalan ihmeteot, jotka ovat parannustekoja korkeampiarvoisempia, voivat tulla vain sellaisten henkilöiden tekemiksi jotka ovat saaneet Jumalalta voimaa rukouksen ja paaston kautta.

Joten jos sinä omaat uskon täyteyden mahdoton on sinulle mahdollista ja sinä voit tunnustaa rohkeasti: '"Jos voit!' Kaikki on mahdollista sille, joka uskoo!"

4. "Minä uskon; auta minun epäuskoani!"

Sinun täytyy käydä ensiksi läpi tietty prosessi ennen kuin sinä voit saada vastauksia ongelmiisi.

Ensinnäkin, sinun pitää tunnustaa suullasi voidaksesi aloittaa tämän prosessin

Eräs isä oli elänyt piinan vallassa kauan aikaa sen tähden että hänen poikansa oli pahojen henkien riivaama. Kuullessaan Jeesuksesta tämän isän sydän alkoi kaivata Hänen kohtaamistaan. Myöhemmin tämä isä toi poikansa Jeesuksen eteen pitäen mahdollisena että hänen poikansa voisi parantua. Hän pyysi Jeesusta parantamaan poikansa vaikka hänellä ei ollutkaan varmuutta Hänen voimistaan.

Jeesus torui tätä isää, sanoen: *"'Jos voit'! Kaikki on mahdollista sille, joka uskoo!"* (Mark, 9:23) Sittemmin Hän kuitenkin rohkaisi häntä, sanoen: *"Kaikki on mahdollista sille, joka uskoo"* (Mark, 9:23). Näiden rohkaisevien sanojen jälkeen tämä isä huusi: "Minä uskon; auta minun epäuskoani!" Näin hän esitti Jeesukselle tunnustuksen huulillaan.

Isä kuuli omilla korvillaan että kaikki asiat olivat Jeesukselle mahdollisia, ja tämän tähden hän ymmärsi sen aivoillaan ja tunnusti suullaan. Hän ei kuitenkaan tunnustanut uskoa joka olisi saanut hänet uskomaan sydämensä pohjasta. Hän omasi uskoa tietoutena mutta tästä huolimatta hänen tunnustuksensa kumpusi hengellisestä uskosta joka johdatti hänet saamaan vastauksen.

Seuraavaksi, sinun pitää omata hengellistä uskoa joka saa sinut uskomaan sydämesi pohjasta

Riivatun pojan pojan isä kaipasi hengellisen uskon saamista ja sanoi Jeesukselle: *"Minä uskon; auta minun epäuskoani"* (Mark, 9:23). Kuullessaan isän pyynnön Jeesus tunnisti isän vilpittömän sydämen, totuudenmukaisuuden ja uskon, ja Hän antoi tälle hengellistä uskoa joka johdatti tämän uskomaan sydämensä pohjasta. Näin Jumala pystyi tekemään hänen kanssaan työtä ja hän sai Jumalalta vastauksen sen ansiosta että hän sai omata hengellistä uskoa.

Jeesus käski jakeessa Mark. 9:25: *"Sinä mykkä ja kuuro henki, minä käsken sinua: lähde ulos hänestä, äläkä enää häneen mene"*, ja riivaajat jättivät pojan.

Pojan isä ei siis voinut saada Jumalan vastauksia pelkästään tietoutena tallennetun lihallisen uskon avulla. Jumalan vastaukset annettiin hänelle kuitenkin heti saman tien kun hän omasi hengellistä uskoa.

Kolmas kohta prosessissa on rukouksessa huutaminen vastauksen saamiseen saakka

Jumala antaa meille lupauksen Jeremian jakeessa 33:3: *"Huuda minua avuksesi, niin minä vastaan sinulle ja ilmoitan sinulle suuria ja salattuja asioita, joita sinä et tiedä."* Hän opettaa meille lisäksi Hesekielin kohdassa 36:37 seuraavasti: *"Vielä tätäkin annan Israelin heimon minulta anoa, että tekisin heille sen."* Ylläolevan mukaisesti Jeesus, Vanhan testamention profeetat sekä Uuden testamentin opetuslapset huusivat ja rukoilivat Jumalaa saadakseen Häneltä vastauksia.

Samalla tavalla sinäkin voit saada uskoa joka auttaa sinua uskomaan sydämesi pohjasta ainoastaan rukouksen kautta ja sinä voit saada vastauksia rukouksiisi ja ongelmiisi ainoastaan hengellisen uskon kautta. Sinun pitää huutaa rukouksessa kunnes sinä saat vastauksia. Tällöin mahdoton tulee olemaan sinulle mahdollista. Riivatun lapsen isä saattoi saada vastauksia sillä hän huusi Jeesusta avukseen.

Tämä riivatun pojan isästä kertova tarina antaa meille tärkeän opetuksen Jumalan laista. Voidaksemme kokea Jumalan sanan, joka sanoo: "'Jos voit!' Kaikki on mahdollista sille, joka uskoo", meidän pitää muuttaa lihallinen uskomme hengelliseksi uskoksi joka auttaa meitä saamaan uskon täyteyden, seisomaan uskon kalliolla ja olemaan kuuliainen ilman epäilyksiä.

Ensiksi sinun pitää siis tunnustaa suullasi lihallisen uskosi mukaisesti joka on säilötty tietoutena. Tämä jälkeen sinun pitää huutaa Jumalaa rukouksessa siihen saakka että sinä saat vastauksen. Lopulta sinun pitää saada taivaasta hengellistä uskoa joka antaa sinun uskoa sydämesi pohjasta.

Täyttääksesi kolme ehtoa joita täydellisen vastauksen saamiseen tarvitaan sinun pitää ensin tuhota synnin muuri sinun ja Jumalan väliltä. Seuraavaksi sinun pitää osoittaa uskon tekoja vilpittömästi. Tällöin sinun sielusi voi kukoistaa. Sinulle annetaan hengellistä uskoa taivaasta sen mukaan kuinka sinä täytät nämä kolme ehtoa ja tämän mukaan kaikki mahdoton tulee sinulle mahdolliseksi.

Sinä tulet kokemaan vaikeuksia ja hankaluuksia jos sinä yrität tehdä asioita itse antamatta niitä kaikkivaltiaan Jumalan hoiviin. Kuinka mikään voisi kuitenkaan olla mahdotonta jos Jumala kuitenkin tekee puolestasi kaiken kun sinä olet tuhonnut ihmisten ajatukset jotka saavat sinut pitämään asiaa mahdottomana ja sinä jätät asiat Jumalan huomaan.

Lihalliset ajatukset ovat Jumalan vastaisia (Room. 8:7). Ne estävät meitä uskomasta ja saavat sinut tuottamaan Jumalalle pettymyksen tekemällä negatiivisia tunnustuksia. Ne auttavat Saatanaa tuomasta syytöksiä sekä koettelemuksia, vaikeuksia, ongelmia ja koetuksia sinua vastaan. Tämän takia sinun pitää tuhota nämä lihalliset ajatukset. Sinun pitää uskoa kaikki vaikeutesi Jumalan huomaan, oli kyseessä sitten vaikeudet sielusi kukoistuksen, liiketaloutesi, työsi, sairauksien tai perheesi suhteen. Sinun pitää luottaa kaikkivaltiaaseen Jumalaa, uskoa että Hän tekee mahdottoman mahdolliseksi ja tuhota kaikenlaiset lihalliset ajatukset uskon avulla.

Jumala antaa sinulle uskoa joka auttaa sinua uskomaan sydämesi pohjasta kun sinä tunnustat sanoen: "Minä uskon" ja rukoilet Jumalaa sydämesi pohjasta. Tämän uskon avulla Hän antaa sinun saada vastauksia kaikenlaisiin ongelmiin sekä kirkastaa sinua. Kuinka siunattu elämä tämä onkaan!

Minä rukoilen Jeesuksen Kristuksen nimessä että sinä voisit saavuttaa Jumalan kuningaskunnan ja vanhurskauden, täyttää evankeliumin maailmalle saarnaamisen suuren lähetystehtävän, täyttää sinulle annetun Jumalan tahdon, tehdä mahdottomasta mahdollista ristin sotilaana sekä levittää Kristuksen kirkkautta!

Luku 6

Daniel luotti vain Jumalaan

Silloin Daniel vastasi kuninkaalle:
"Kuningas eläköön iankaikkisesti!
Minun Jumalani on lähettänyt enkelinsä
ja sulkenut jalopeurain kidat,
niin etteivät ne ole minua vahingoittaneet,
sillä minut on havaittu nuhteettomaksi hänen edessänsä,
enkä minä ole sinuakaan vastaan, kuningas, rikosta tehnyt."
Silloin kuningas ihastui suuresti
ja käski ottaa Danielin ylös luolasta.
Ja kun Daniel oli otettu ylös luolasta,
ei hänessä havaittu mitään vammaa;
sillä hän oli turvannut Jumalaansa.

Daniel 6:21-23

Daniel vietiin orjaksi Babyloniaan hänen ollessa vielä lapsi. Myöhemmin hänestä tuli kuitenkin kuninkaan suosikki hänen oikeankäden miehenään. Daniel rakasti Jumalaa äärimmäisen paljon ja Jumala antoi hänelle tietoutta kaikenlaisesta kirjallisuudesta sekä viisautta. Daniel ymmärsi jopa kaikenlaisia näkyjä ja unia. Hän oli poliitikko sekä johtaja joka toi esiin Jumalan voiman.

Koko elämänsä aikana Daniel ei koskaan tehnyt mailman kanssa kompromissia Jumalan palvelemisen suhteen. Hän voitti kaikki koettelemukset ja vaikeudet marttyyriuden uskolla ja hän kirkasti Jumalaa uskon suurilla voitoilla. Mitä meidän tulee tehdä voidaksemme omata hänen kaltaistaan uskoa?

Syventykäämme siihen miksi Daniel, joka oli Babylonian toiseksi korkein hallitsija, heitettiin leijonien luolaan sekä siihen kuinka hän selviytyi leijonien luolasta saamatta naarmuakaan.

1. Daniel, uskon mies

Kuningas Reehoboamin aikana Israelin kuningaskunta jakaantui kahtia – Juudan eteläiseen kuningaskuntaan sekä Israelin pohjoiseen kuningaskuntaan – kuningas Salomonin rappion takia (1. Kun. 11:26-36). Jumalan käskyjä noudattaneet kuninkaat ja maat kukoistivat mutta Jumalan laista piittaamattomat joutuivat tuhoon.

Vuonna 722 eKr Israelin pohjoinen kuningaskunta romahti Assyrian hyökkäyksen johdosta. Tuohon aikaan lukematon määrä ihmisiä vietiin Assyriaan vangiksi. Myös eteläinen Juudan kuningaskunta joutui hyökkäyksen alaiseksi mutta se ei kuitenkaan tuhoutunut.

Myöhemmin kuningas Nebukadnessar hyökkäsi Juudan eteläiseen kuningaskuntaan ja kolmannella yrityksellään hänen onnistui murtautumaan Jerusalemiin ja tuhoamaan Jerusalemin temppelin. Tämä tapahtui vuonna 586 ekr.

Kuningas Jehoikamin, Juudan kuninkaan, valtakauden kolmantena vuotena Babylonian kuningas Nebukadnessar saapui Jerusalemiin piirittämään sitä. Tämän ensimmäisen hyökkäyksen jälkeen kuningas Nebukadnessar sitoi kuningas Jehoikamin vaskikahlein viedäkseen hänet Babyloniaan ja hän toi myös eräitä Jumalan huoneen esineitä Babyloniaan.

Daniel kuului vangiksi otettujen kuninkaallisen perheen ja ylimysten joukkoon. He elivät pakanamaassa mutta silti Daniel kukoisti palvellessaan eri kuninkaita – Nebukadnessaria ja Belsassaria, jotka olivat Babylonian kuninkaita, sekä Dariusta ja Syyrusta, jotka olivat Persian kuninkaita. Daniel eli pakanoiden joukossa kauan aikaa ja palveli näitä maita yhtenä niiden hallitsijana kuninkaan jälkeen. Hän kuitenkin osoitti uskoa jonka ansiosta hän ei tehnyt maailman kanssa kompromissia ja hän eli voitokasta elämää Jumalan profeettana.

Babylonian kuningas Nebukadnessar määräsi ministerinsä tuomaan luokseen Israelin poikia mukaanlukien kuninkaallisen perheen ja ylimistön jäseniä. Hän halusi nuorukaisia joissa ei ollut vikaa, jotka olivat hyvännäköisiä, kaikenlaisissa asioissa viisaita, tietäväisiä ja ymmärtäväisiä sekä kuninkaan palvelukseen sopivia. Hän käski että näille nuorukaisille piti opettaa kirjallisuutta ja kaldealaisten kieltä ja että heidän piti syödä ja juoda kuninkaan määräämiä ruokia ja juomia. Hän käski että tämän piti kestää kolme vuotta. Daniel oli yksi näistä nuorukaisista (Daniel 1:4-5).

Daniel kuitenkin päätti että hän ei saastuttaisi itseään kuninkaan valitsemalla ruoalla tai hänen juomalla viinillään. Niin hän pyysi ministeriltä lupaa että hänen ei tarvitsisi saastuttaa itseään (Daniel 1:8). Tämä oli Jumalan lakin noudattamista tahtovan Danielin usko. Nyt Jumala salli Danielin saada ministeriltä armoa ja myötätuntoa (jae 9). Hän antoi Danielin ja hänen ystäviensä jättää kuninkaan valitseman ruoan ja juoman väliin, antaen heidän tyytyä veteen ja kasviksiin (jae 16).

Jumala näki Danielin uskon ja Hän antoi tälle viisautta sekä tietoutta kirjallisuudesta. Daniel jopa ymmärsi kaikenlaisia näkyjä ja unia (jae 17). Kuninkaan mielestä Daniel oli kymmenen kertaa parempi hänen omiin velhoihin ja ennustajiin verrattuna kaiken viisauden ja ymmärryksen saralla (jae 20).

Myöhemmin kuningas Nebukadnessaria vaivasi hänen näkemänsä uni eikä hän pystynyt enää nukkumaan tämän johdosta. Kukaan kaldealaisista ei pystynyt tulkitsemaan tätä unta. Daniel kuitenkin tulkitsi tämän unen Jumalan viisauden ja voiman avulla. Tämän jälkeen kuningas ylensi Danielin ja antoi hänelle paljon lahjoja. Hän teki Danielista koko Babylonian hallitsijan ja kaikkien sen viisaiden miesten prefektin (Daniel

2:46-48).
Daniel nautti suosiosta ja tunnustuksesta Babylonian kuninkaan Nebukadnessarin lisäksi myös Belsassarin aikana. Kuningas Belsassar julisti että Daniel oli valtakunnan kolmas hallitsija. Kuningas Balsassarin tultua tapetuksi Darius nousi valtaistuimelle, ja myös hän piti Danielia suosikkinaan.

Kuningas nimitti 120 satraappia kuningaskuntaa hallitsemaan ja kolme miestä heitä valvomaan. Daniel oli kuitenkin erottunut edukseen näistä satraapeista ja valvojista erinomaisen henkensä ansiosta, minkä tähden kuningas kaavaili nimittävänsä hänet koko kuningaskunnan johtoon.

Tällöin muut kuninkaan miehet ja satraapit alkoivat etsiä perusteita syyttää Danielia siitä kuinka hän oli hoitanut valtion asioita. He eivät kuitenkaan löytäneet mitään todisteita korruptiosta hänen uskollisuutensa johdosta eikä hän ollut missään vaiheessa myöskään huolimaton. He alkoivat punoa juonta syyttääkseen Danielia Jumalan lain tähden. He esittivät kuninkaalle että hänen pitäisi julistaa laki jonka mukaan kuka tahansa joka 30 päivän kuluttua vielä palvoisi mitään muuta jumalaa kuin itse kuningasta tulisi heitetyksi leijonien luolaan. He myös esittivät että tämä Medean ja Persian laki tulisi tulla kuninkaan allekirjoittamaksi niin että sitä ei voitaisi enää tämän jälkeen perua. Tämän tähden kuningas Darius allekirjoitti tämän kiellon.

Kuultuaan että kuningas oli allekirjoittanut tämän uuden lain Daniel meni talossaan olevaan makuuhuoneeseen minkä ikkunat olivat auki kohti Jerusalemia. Hän jatkoi tapaansa polvistua kolme kertaa päivässä Jumalan eteen rukoilemaan ja kiittämään niinkuin aina ennenkin (Daniel 6:10). Daniel tiesi että hänen kuuluisi tulla heitetyksi leijonien luolaan hänen rikkomuksensa tähden mutta hän jatkoi Jumalan palvelemista päättäväisesti.

Jopa Babylonian orjuuden keskellä Daniel muisti aina Jumalan armon ja hän rakasti Jumalaa palavasti niin että hän polvistui maahan, rukoili ja kiitti Häntä kolme kertaa päivässä ilman poikkeusta. Hän omasi vahvan uskon eikä hän koskaan tehnyt maailman kanssa kompromissia tämän suhteen.

2. Daniel heitettiin leijonien luolaan

Danielille mustasukkaiset pääsivät keskuudessaan sovintoon ja he löysivät Danielin kuninkaan luota. He lähestyivät kuningasta ja puhuivat tälle tämän uudesta laista. Lopulta kuningas ymmärsi että he olivat pyytäneet häntä julistamaan tämän lain sen tähden että he halusivat hankkiutua Danielista eroon, ei sen tähden että he olisivat välittäneet kuninkaasta. Tämä yllätti hänet. Kuningas oli kuitenkin allekirjoittanut lain ja niin hän ei voinut itsekään perua sitä.

Heti kun kuningas kuuli mitä heillä oli sanottavanaan hän tuli hyvin levottomaksi ja alkoi miettiä kuinka hän voisi vapauttaa Danielin. Satraapit ja muut kuninkaan miehet kuitenkin pakottivat kuninkaan seuraamaan lakia ja niin kuninkaalla ei ollut muuta vaihtoehtoa kuin seurata sitä. Kuninkaan täytyi antaa käskynsä ja niin Daniel heitetiin leijonien luolaan, minkä oven peitoksi vieritettiin painava kivi. Tämä johtui siitä että Danielin kohdalla mitään ei tehty eri tavalla kuin yleensä.

Tämän jälkeen Danielista pitänyt kuningas palasi palatsiinsa missä hän vietti koko yön paastoten. Hän ei halunnut mitään viihdytystä tuotavaksi hän eteensä eikä hän pystynyt nukkumaan tuona yönä. Seuraavana aamuna kuningas nousi aamunkoitteessa ja kiiruhti leijonien luolalle. Kaikki luonnollisesti olettivat että Daniel olisi kuollut, olihan hänet heitetty nälkäisten leijonien luolaan. Kuningas kuitenkin kiiruhti leijonien luolaan toivoen että Daniel olisi selvinnyt.

Tuohon aikaan moni tuomittu rikollinen heitettiin leijonien luolaan. Kuinka Daniel saattoi sitten selvitä elossa nälkäisten leijonien joukossa? Kuningas ajatteli mielessään että Danielin palvoma Jumala olisi kenties voinut säästää hänen henkenäs. Hän lähestyi luolaa ja kutsui Danielia epävakaalla äänellä. Hän sanoi: "Daniel, elävän Jumalan palvelija. Onko sinun Jumalasi, jota sinä jatkuvasti palvelet, säästänyt sinut leijonien kourista?"
Kuninkaan ihmetykseksi Danielin ääni vastasi hänelle leijonien luolan sisältä. Daniel sanoi: *"Kuningas eläköön iankaikkisesti! Minun Jumalani on lähettänyt enkelinsä ja sulkenut jalopeurain kidat, niin etteivät ne ole minua*

vahingoittaneet, sillä minut on havaittu nuhteettomaksi hänen edessänsä, enkä minä ole sinuakaan vastaan, kuningas, rikosta tehnyt" (Daniel 6:21-22).

Tämä miellytti kuningasta suuresti ja hän käski että Daniel pitäisi noutaa pois luolasta. Danielista ei löytynyt mitään vammaa kun hänen päästyään ulos luolasta. Kuinka ihmeellistä tämä olikaan! Tämä oli suuri voitto Jumalaan luottaneelle Danielin uskolle! Daniel luotti elävään Jumalaan ja tämän tähden hän selvisi nälkäisten leijonien luolasta ja paljasti Jumalan kirkkauden jopa pakanoille.

Kuninkas käski että Danielia syyttäneet miehien piti tulla heitetyksi vaimoineen ja lapsineen leijonien luolaan. Leijonat repivät heidät ja murskasivat heidän luunsa ennen kuin he ehtivät saavuttaa luolan lattian (Daniel 6:24). Kuningas Darius kirjoitti tämän jälkeen kaikille kansoille, maille ja eri kieltä puhuville ihmisille ympäri maailmaa paljastaen heille kuka Jumala oli, antaen heille näin Jumalan pelkoa.

Kuningas julisti heille: *"Minä olen antanut käskyn, että minun valtakuntani koko valtapiirissä vavistakoon ja peljättäköön Danielin Jumalaa. Sillä hän on elävä Jumala ja pysyy iankaikkisesti. Hänen valtakuntansa ei häviä, eikä hänen herrautensa lopu. Hän pelastaa ja vapahtaa, hän tekee tunnustekoja ja ihmeitä taivaassa ja maan päällä, hän, joka pelasti Danielin jalopeurain kynsistä"* (Daniel 6:26-27).

Kuinka suuri tämä uskon voitto olikaan! Kaikki tämä johtui siitä että Danielista ei löytynyt lainkaan syntiä ja että hän luotti Jumalaan. Jumala pitää meistä huolen ja antaa meille polun paeta minkälaisia tilanteita ja oloja tahansa jos me kuljemme Hänen sanassaan ja asumme Hänen rakkaudessaan, ja Hän antaa meille uskossamme suuria voittoja.

3. Daniel, väkevä suuressa uskossaan

Minkälaisen uskon avulla Daniel saattoi sitten kirkastaa Jumalaa näin suuresti? Tarkistelkaamme Danielin uskoa niin että mekin voisimme voittaa kaikenlaiset koettelemukset ja kärsimykset ja paljastaa elävän Jumalan kirkkaus lukemattomille muille ihmisille.

Ensinnäkin, Daniel ei koskaan tehnyt kompromissia uskonsa suhteen minkään tämän maailman asian tähden

Daniel oli maan asioiden johdossa yhtenä Babylonian käskynhaltijoista ja hän oli hyvin tietoinen siitä että hänet heitettäisiin leijonien luolaan jos hän rikkoisi kuninkaan allekirjoittamaa lakia. Hän ei kuitenkaan seurannut ihmisten ajatuksia tai viisautta. Hän ei pelännyt häntä vastaan juonineita ihmisiä. Hän polvistui maahan ja rukoili Jumalaa aivan kuten aikaisemminkin. Hän olisi voinut lakata rukoilemasta tai sitten rukoilla salassa niiden 30 päivän ajan kun tämä käsky oli voimassa. Hän ei kuitenkaan seurannut ihmisten ajatuksia vaan kieltäytyi valitsemasta kumpaakaan vaihtoehtoa. Hän ei yrittänyt suojella elämäänsä eikä hän tehnyt maailman kanssa kompromissia. Hän piti kiinni uskostaan rakkaudessaan Jumalaa kohtaan.

Sanalla sanoen, Daniel tiesi että kuningas oli allekirjoittanut dokumentin mutta marttyyriuden uskossa hän kuitenkin meni taloonsa, nousi rukoushuoneeseensa ja avasi ikkunat kohti Jerusalemia. Hän jatkoi kolmesti päivässä polvistumista, rukoillen ja kiittäen Jumalansa edessä niinkuin aikaisemmin.

Toiseksi, Daniel omasi uskoa jonka avulla hän rukoili lakkaamatta

Daniel joutui tilanteeseen missä hänen täytyi valmistautua omaan kuolemaansa. Hän rukoli tällöin Jumalaa niinkuin hän oli aina tehnyt. Hän ei halunnut tehdä syntiä lopettamalla rukoilemistaan (1. Samuel 12:23).

Rukous on meidän henkemme hengittämistä ja niin meidän ei pidä koskaan lakata rukoilemasta. Koettelemusten ja vaikeuksien kohdatessa meitä meidän täytyy rukoilla ja ollessamme rauhassa meidän pitää rukoilla niin että me emme joutuisi kiusaukseen (Luuk. 22:40). Daniel ei lakannut rukoilemasta ja niin hän saattoi pitää kiinni uskostaan ja voittaa koettelemuksensa.

Kolmanneksi, Daniel omasi uskoa jonka avulla hän saattoi kiittää kaikissa olosuhteissa

Useat Raamatusta löytyvät uskon isät kiittivät kaikessa uskonsa avulla sillä he tiesivät että on aidon uskon mukaista kiittää kaikissa olosuhteissa. Danielin tullessa heitetyksi leijonien luolaan Jumalan lain seuraamisen tähden tämä muuttui suureksi voitoksi. Hän olisi päätynyt Jumalan käsivarsille ja elänyt ikuisesti Jumalan ikuisessa valtakunnassa vaikka leijonat olisivatkin syöneet hänet. Hänellä ei ollut mitään syytä pelätä, olisi lopputulos sitten mikä tahansa. Me emme kykene pelkäämään kuolemaa jos henkilö uskoo taivaaseen täydellisesti.

Kyseessä olisi vain väliaikainen kunnia vaikka Daniel eläisikin rauhassa maan hallitsijana kuninkaan kuoleman jälkeen. Hän tulisi kuitenkin Jumalan tunnustamaksi jos hän pitäisi uskonsa ja kuolisi marttyyrin kuoleman, ja niin häntä pidettäisiin yhtenä taivaan kuningaskunnan suurista ja hän eläisi ikuisessa kirkkaudessa. Tämän tähden hänen ei tarvinnut tehdä muuta kuin kiittää.

Neljänneksi, Daniel ei tehnyt koskaan syntiä. Hän omasi uskoa jonka avulla hän seurasi ja eli Jumalan sanan mukaisesti

Tavasta, jolla Daniel oli hoitanut maan asioita ei löytynyt mitään perusteita hänen syyttämiselleen. Hänestä ei löytynyt korruptiota, välinpitämättömyyttä tai epärehellisyyttä. Kuinka puhdas hänen elämänsä olikaan!

Daniel ei katunut mikään eikä hän ollut vihainen rakastamalleen kuninkaalle siitä huolimatta että tämä oli käskenyt että hänet pitäisi heittää leijonien luolaan. Sen sijaan Daniel oli kuninkaalle niin uskollinen että hän sanoi: "Kuningas eläköön iänkaikkisesti!" Jumala ei olisi suojellut Danielia jos tämä koettelumus olisi annettu hänelle hänen tekemiensä syntien tähden. Daniel ei kuitenkaan ollut tehnyt syntiä, ja tämän tähden Jumala saattoi suojella häntä.

Viidenneksi, Daniel omasi uskoa jonka avulla hän luotti ainoastaan Jumalaan

Jumala ratkaisee kaikki ongelmat meidän puolestamme jos me kunnioitamme Häntä, luotamme Häneen täydellisesti ja jätämme kaiken Hänen käsiinsä. Daniel luotti Jumalaan täysin ja oli Hänestä täysin riippuvainen. Täten hän ei tehnyt maailman kanssa kompromisseja vaan valitsi Jumalan lain ja pyysi Hänen apuaan. Jumala näki Danielin uskon ja teki kaikessa työtä hänen puolestaan. Siunauksia kasattiin siunausten päälle niin että Jumala voisi saada yhä enemmän kunniaa.

Me voimme voittaa kaikenlaiset koettelemukset ja vaikeudet jos me omaamme samanlaista uskoa kuin Daniel. Me voimme myös muuttaa kaikki nämä vastoinkäymiset siunauksiksi ja todistaa elävästä Jumalasta. Paholais-vihollinen käy ympäriinsä etsien uhreja joita syödä. Meidän pitää siis vastustaa paholaista vahvan uskon avulla ja elää Jumalan suojeluksessa Jumalan sanasta kiinni pitäen ja sen mukaisesti eläen.

Meitä kohtaavien hetkellisten koettelemusten avulla Jumala jalostaa, vahvistaa ja voimistaa meitä (1. Piet. 5:10). Minä rukoilen Jeesuksen Kristuksen nimessä että sinä voisit omata Danielin kaltaisen uskon, kulkea Jumalan kanssa koko ajan ja kirkastaa Häntä!

Luku 7

Herra valmistaa etukäteen

Silloin Herran enkeli huusi hänelle taivaasta sanoen:
"Aabraham, Aabraham!" Hän vastasi:
"Tässä olen." Niin hän sanoi:
"Älä satuta kättäsi poikaan äläkä tee hänelle mitään,
sillä nyt minä tiedän, että sinä pelkäät Jumalaa,
kun et kieltänyt minulta ainokaista poikaasi."
Niin Aabraham nosti silmänsä ja huomasi takanansa oinaan,
joka oli sarvistaan takertunut pensaikkoon. Ja Aabraham meni,
otti oinaan ja uhrasi sen polttouhriksi poikansa sijasta.
Ja Aabraham pani sen paikan nimeksi "Herra näkee."
Niinpä vielä tänä päivänä sanotaan:
"Vuorella, missä Herra ilmestyy."

Genesis 22:11-14

Jehovah-jireh! Kuinka jännittävää ja miellyttävää tämän kuuleminen onkaan! Tämä tarkoittaa että Jumala valmistautuu kaikkeen etukäteen. Nykyään useat uskovat ovat kuulleet ja ovat tietoisia siitä että Jumala tekee puolestamme työtä, valmistautuu ja johdattaa meitä etukäteen. Suurin osa ihmisistä ei kuitenkaan koe tätä Jumalan sanaa elämänsä aikana.

Jehovah-jireh tarkoittaa siunausta, hurskausta sekä toivoa. Jokainen haluaa ja kaipaa näitä asioita. Me emme voi astua siunausten polulle jos me emme ymmärrä mihin tämä sana viittaa. Joten minä haluan jakaa Aabrahamin uskon esimerkkinä miehestä joka sai Jehovah-jirehin siunauksen.

1. Aabraham asetti Jumalan sanan kaiken muun edelle

Jeesus sanoo Markuksen jakeessa 12:30 näin: *"Rakasta Herraa, sinun Jumalaasi, kaikesta sydämestäsi ja kaikesta sielustasi ja kaikesta mielestäsi ja kaikesta voimastasi."* Genesis 22:11-14 kuvaa kuinka Aabraham rakasti Jumalaa niin paljon että hän pystyi kommunikoimaan Hänen kanssaan kasvotusten, ymmärtämään Hänen tahtonsa sekä saamaan Jehovah-jirehin siunauksen. Sinun pitää ymmärtää että hän ei saanut kaikkea näitä siunauksia vahingossa.

Aabraham asetti Jumalan kaiken muun edelle ja hän piti Hänen sanaansa kaikkea muuta arvokkaampana. Joten hän ei seurannut omia ajatuksiaan vaan oli aina valmis olemaan Jumalalle kuuliainen. Hän oli sekä Jumalalle että itselleen täysin rehellinen ilman vääryyttä, ja tämän tähden hän valmistautui sydämensä syvyyksissä ottamaan siunauksia vastaan.

Jumala sanoi Aabrahamille Genesiksen jakeissa 12:1-3 näin: *"Lähde maastasi, suvustasi ja isäsi kodista siihen maahan, jonka minä sinulle osoitan. Niin minä teen sinusta suuren kansan, siunaan sinut ja teen sinun nimesi suureksi, ja sinä olet tuleva siunaukseksi. Ja minä siunaan niitä, jotka sinua siunaavat, ja kiroan ne, jotka sinua kiroavat, ja sinussa tulevat siunatuiksi kaikki sukukunnat maan päällä."*

Aabraham olisi ollut levoton tässä tilanteessa kun Jumala käski häntä lähtemään maastaan ja jättämään sukulaisensa ja isänsä talon. Hän ei kuitenkaan luottanut ihmisten ajatuksiin vaan piti Isä Jumalaa, Luojaa, ensimmäisenä. Tämän takia hän saattoi olla kuuliainen ja noudattaa Jumalan tahtoa. Samalla tavalla kuka tahansa voi olla Jumalalle kuuliainen iloiten jos hän vain rakastaa Jumalaa. Tämä johtuu siitä että hän uskoo että Jumala pitää huolen siitä että kaikki tulee sujumaan hänen kohdallaan hyvin.

Moni Raamatun osa kertoo meille uskon isistä jotka pitivät Jumalan sanaa ensimmäisenä ja kulkivat Hänen sanansa mukaan. 1. Kun. 19:20-21 sanoo: *"Niin hän jätti härät, riensi Elian jälkeen ja sanoi: 'Salli minun ensin antaa suuta isälleni ja äidilleni; sitten minä seuraan sinua.' Elia sanoi hänelle: 'Mene, mutta tule takaisin; tiedäthän, mitä minä olen sinulle tehnyt.' Niin hän meni hänen luotaan takaisin, otti härkäparinsa ja teurasti sen, ja härkäin ikeellä hän keitti lihat; ne hän antoi väelle, ja he söivät. Sitten hän nousi ja seurasi Eliaa ja palveli häntä."* Jumalan kutsuessa Elisaa Elian kautta tämä hylkäsi välittömästi kaiken mitä hänellä oli ja seurasi Jumalan tahtoa.

Sama koski Jeesuksen opetuslapsia. Jeesuksen kutsuessa heitä he seurasivat Häntä välittömästi. Matteus 4:18-22 sanoo: *"Ja kulkiessaan Galilean järven rantaa hän näki kaksi veljestä, Simonin, jota kutsutaan Pietariksi, ja Andreaan, hänen veljensä, heittämässä verkkoa järveen; sillä he olivat kalastajia. Ja hän sanoi heille: 'Seuratkaa minua, niin minä teen teistä ihmisten kalastajia.' Niin he jättivät kohta verkot ja seurasivat häntä. Ja käydessään siitä eteenpäin hän näki toiset kaksi veljestä, Jaakobin, Sebedeuksen pojan, ja Johanneksen, hänen veljensä, veneessä isänsä Sebedeuksen kanssa laittamassa verkkojaan kuntoon; ja hän kutsui heidät. Niin he jättivät kohta veneen ja isänsä ja seurasivat häntä."*

Tämän tähden minä kehotan teitä omaamaan uskoa jonka avulla te voitte olla Jumalan tahdolle kuuliaisia, oli se sitten mikä hyvänsä, ja te voitte pitää Jumalan sanaa ensimmäisenä niin että Hän voi tehdä kaikessa työtä teidän hyväksenne voimallaan.

2. Aabraham vastasi aina "Kyllä!"

Aabraham jätti maansa, Haaranin, Jumalan sanan mukaan

ja meni Kanaanin maahan. Täällä oli kuitenkin ankara nälänhätä minkä tähden hän muutti Egyptiin (Genesis 12:10). Muutettuaan Egyptiin Aabraham kutsui vaimoaan "sisareksi" jotta hän itse välttyisi tulemasta murhatuksi. Tähän liittyen osa ihmisistä sanoo että hän petti ihmisiä sanomalla että hänen vaimonsa oli hänen sisarensa koska hän oli pelkäsi ja oli pelkuri. Todellisuudessa hän ei kuitenkaan valehdellut heille vaan käytti vain ihmisten ajatuksia. Tästä todistaa se että että kun hänet käskettiin lähtemään maasta hän noudatti käskyä ilman pelkoa. Joten ei ole totta että hän petti ihmisiä kutsumalla vaimoaan sisareksi pelosta. Hän teki näin ainoastaan sen tähden että hän todellakin oli yksi hänen serkuistaan mutta myös siksi että hänen mielestään oli parempi kutsua häntä "sisareksi" kuin "vaimoksi."

Aabrahamin asuessa Egyptissä Jumala jalosti häntä niin että hän saattaisi luottaa vain Jumalaan täydellisen uskonsa avulla seuraamatta ihmisten viisautta tai ajatuksia. Hän oli aina valmis olemaan Jumalalle kuuliainen mutta silti hänessä oli lihallisia ajatuksia jäljellä joiden piti tulla heitetyksi pois. Tämän koettelemuksen avulla Jumala salli Egyptin faaraon kohdella Aabrahamia hyvin. Jumala antoi Aabrahamille useita siunauksia mukaanlukien lampaita ja härkiä, aaseja, mies- ja naispuolisia palvelijoita sekä naaraspuolisia aaseja ja kameleita.

Tämä kertoo meille että me kohtaamme vaikeuksia jos me joudumme koettelemukseen sen tähden että me emme ole olleet kuuliaisia. Jumala kuitenkin antaa kaiken sujua hyväksemme jos me kohtaamme koettelemuksia lihallisten ajatustemme tähden joita me emme ole vielä heittäneet pois siitä huolimatta että me olemme kuuliaisia.

Tämän koettelemuksen ansiosta Aabraham saattoi sanoa vain "Aamen" kaikissa tilanteissa ja olla kaikessa kuuliainen. Myöhemmin Jumala käski häntä uhraamaan ainoan poikansa Iisaksin polttouhrina. Genesis 22:1 sanoo: *"Näiden tapausten jälkeen Jumala koetteli Aabrahamia ja sanoi hänelle: 'Aabraham!' Hän vastasi: 'Tässä olen.'"*

Aabraham oli sata vuotta vanha ja hänen vaimonsa Saara oli yhdeksänkymmentä vuotta kun heidän poikansa Iisak syntyi. Oli täysin mahdotonta että nämä vanhemmat saisivat lapsen mutta Jumalan armosta ja Hänen lupauksensa mukaisesti he saivat pojan. Tämä poika oli heille kaikkea muuta kallisarvoisempi. Tämän lisäksi hän oli myös Jumalan lupauksen siemen. Tämän tähden Aabraham oli niin yllättynyt kun Jumala käski häntä uhraamaan oman poikansa polttouhrina eläimen tavoin! Tämä oli jotakin mitä ihmisen mielikuvitus ei olisi koskaan voinut keksiä.

Aabraham uskoi että Jumala pystyisi herättämään hänen poikansa kuolleista ja tämän tähden hän pystyi noudattamaan Jumalan käskyä (Hepr. 11:17-19). Kaikki hänen lihalliset ajatuksensa olivat tuhoutuneet ja siten hän pystyi omaamaan uskoa jonka avulla hän pystyi uhraamaan ainoan poikansa Iisakin polttouhrina.

Jumala näki tämän Aabrahamin uskon ja valmisti oinaan polttouhriksi niin että Aabraham ei nostaisi kättään poikaansa vastaan. Aabraham löysi sarvistaan kiinni juuttuneen oinaan pensaikosta ja uhrasi tämän polttouhrina poikansa sijaan. Hän antoi paikalle nimen "Vuori, missä Herra ilmestyy."

Jumala ylisti Aabrahamia tämän uskon tähden, sanoen Genesiksen jakeessa 22:12: *"Nyt minä tiedän, että sinä pelkäät Jumalaa, kun et kieltänyt minulta ainokaista poikaasi."* Hän antoi Aabrahamille ihmeellisiä lupauksia siunaksia jakeissa 17-18: *"Minä runsaasti siunaan sinua ja teen sinun jälkeläistesi luvun paljoksi kuin taivaan tähdet ja hiekka, joka on meren rannalla, ja sinun jälkeläisesi valtaavat vihollistensa portit. Ja sinun siemenessäsi tulevat siunatuiksi kaikki kansakunnat maan päällä, sentähden että olit minun äänelleni."*

Sinä voit joskus kokea siunauksia joita Herra on valmistanut etukäteen siitä huolimatta että sinun uskosi ei ole vielä saavuttanut Aabrahamin uskon tasoa. Sinä olet kenties aikonut tehdä jotakin vain huomataksesi että Jumala on jo valmistanut sen sinulle. Tämä on mahdollista sen tähden että sinun sydämesi on ollut Jumalan mukainen tuolla hetkellä. Sinä tulet elämään siunattuna aina ja kaikkialla jos sinä pystyt omaamaan samanlaista uskoa kuin Aabraham ja olemaan Herralle täysin kuuliainen. Kuinka ihmeellistä kristillistä elämää tämä onkaan!

Voidaksesi saada Jehovah-jirehin kaltaista uskoa sinun pitää sanoa "Aamen" kaikkiin Jumalan käskyihin niiden sisällöstä huolimatta ja kulkea Jumalan tahdon mukaisesti pitämättä kiinni omista ajatuksistasi. Sinun pitää tulla Jumalan tunnustamaksi. Tämän tähden Jumala sanoo meille selvästi että on parempi olla kuuliainen kuin uhrata (1. Samuel 15:23).

Jeesus oli olemassa Jumalan muodossa mutta Hän ei pitänyt tasavertaisuutta Jumalan kanssa haluttavana vaan sen sijaan tyhjensi itsensä, otti palvelijan muodon ja tuli ihmiseksi. Hän nöyrti itsensä ja tuli kuuliaiseksi aina kuolemaan saakka (Fil. 2:6-8). 2. Kor. 1:19-20 sanoo Hänen kuuliaisuuteensa liittyen näin: *"Sillä Jumalan Poika, Kristus Jeesus, jota me, minä ja Silvanus ja Timoteus, olemme teidän keskellänne saarnanneet, ei tullut ollakseen 'on' ja 'ei,' vaan hänessä tuli 'on.' Sillä niin monta kuin Jumalan lupausta on, kaikki ne ovat hänessä 'on'; sentähden tulee hänen kauttaan myös niiden 'amen', Jumalalle kunniaksi meidän kauttamme."*

Jumalan rakas ainoa Poika sanoi vain "Kyllä", ja niin meidän pitää epäilemättä sanoa "Aamen" kaikkeen Jumalan sanaan ja kirkastaa Häntä saamalla suuresti siunauksia.

3. Aabraham etsi kaikessa rauhaa ja pyhyyttä

Aabraham luotti Jumalan sanaan enemmän kuin mihinkään muuhun. Hän myös rakasti Häntä kaikkea muuta enemmän ja sanoi "Aamen" kaikkeen Jumalan sanaan. Hän myös noudatti Jumalan tahtoa niin täydellisesti että hän saattoi käytöksellään miellyttää Jumalaa.

Tämän lisäksi Aabraham pyhittyi täydellisesti ja halusi aina olla ympärillään olevien kanssa rauhassa niin että hän saattoi tulla Jumalan tunnustamaksi.

Genesiksen jakeissa 13:8-9 hän sanoi veljenpojalleen Lootille näin: *"Silloin Abram sanoi Lootille: 'Älköön olko riitaa meidän välillämme, minun ja sinun, älköönkä minun paimenteni ja sinun paimentesi välillä, sillä olemmehan veljeksiä. Eikö koko maa ole avoinna edessäsi? Eroa minusta. Jos sinä menet vasemmalle, niin minä menen oikealle, tahi jos sinä menet oikealle, niin minä menen vasemmalle.'"*

Hän oli Lootia vanhempi mutta antoi silti Lootille mahdollisuuden valita maansa ensin ollakseen hänen kanssaan rauhassa. Näin hän siis uhrasi itsensä. Tämä johtui siitä että hän ei ajanut omia etujaan vaan muiden etuja hengellisessä rakkaudessaan. Samalla tavalla meidän ei pidä riidellä tai kerskata itsellämme jos me elämme totuudessa voidaksemme olla muiden kanssa rauhassa.

Genesis 14:12, 16 kertoo kuinka Loot ja otettiin vangiksi. Tällöin Aabraham lähti 318 taloutensa miehen kanssa takaa-ajoon ja hän toi kaikki menetetyt tavarat takaisin yhdessä Lootin ja muiden naisten ja ihmisten kanssa. Hän oli täysin suoraselkäinen ja kulki kirkkaudessa, ja hän antoi Saalemin kuningas Melsisedekille tälle kuuluneen kymmenyksen ja palautti loput kuningas Soodomille, sanoen: *"En totisesti ota, en langan päätä, en kengän paulaa enkä mitään muuta, mikä on sinun, ettet sanoisi: 'Minä olen tehnyt Abramin rikkaaksi'"* (jae 23). Täten Aabraham etsi vain rauhaa kaikissa asioissa ja oli tämän lisäksi kaikessa nuhteeton ja suoraselkäinen.

Heprealaiskirje 12:14 sanoo: *"Pyrkikää rauhaan kaikkien kanssa ja pyhitykseen, sillä ilman sitä ei kukaan ole näkevä Herraa."* Minä kehotan teitä ymmärtämään että Aabraham sai Jehovah-jirehin siunauksen sen tähden että hän etsi kaikessa rauhaa muiden kanssa ja tuli täysin pyhittyneeksi. Minä kehotan teitä tulemaan hänen kaltaiseksi henkilöksi.

4. Luojan voimaan uskominen

Voidaksemme saada tämän suuren siunauksen meidän pitää uskoa Jumalan voimaan. Hepr. 11:17-19 opettaa meitä: *"Uskon kautta uhrasi Aabraham, koetukselle pantuna, Iisakin, uhrasi ainoan poikansa, hän, joka oli lupaukset vastaanottanut ja jolle oli sanottu: 'Iisakista sinä saat nimellesi jälkeläisen', sillä hän päätti, että Jumala on voimallinen kuolleistakin herättämään; ja sen vertauskuvana hän saikin hänet takaisin."* Aabraham uskoi että Jumalan voimalla kaikki oli mahdollista ja niin hän pystyi olemaan Jumalalle kuuliainen seuraamatta minkäänlaisia lihallisia ajatuksia tai ihmisten ajatuksia.

Mitä sinä tekisit jos Jumala käskisi sinua uhraamaan oman poikasi polttouhrina? Sinä pystyt noudattamaan tätä käskyä oli se sitten mikä tahansa jos sinä uskot Jumalan voimaan jolle mikään ei ole mahdotonta. Tällöin sinä saat siunauksia joita

Jumala on valmistanut sinulle jo etukäteen.

Jumalan voima on rajaton, ja niin Hän valmistaa kaiken etukäteen, saavuttaa ja antaa meille siunauksia jos me olemme Hänelle täysin kuuliaisia omaamatta lainkaan lihallisia ajatuksia niinkuin Aabraham. Me emme koskaan näitä siunauksia jos meillä on jotakin mitä me rakastamme Jumalaa enemmän tai jos me sanomme "Aamen" ainoastaan sellaisille asioille jotka miellyttävät meidän ajatuksiamme ja teorioitamme.

2. Kor. 10:5 sanoo: *"Me hajotamme maahan järjen päätelmät ja jokaisen varustuksen, joka nostetaan Jumalan tuntemista vastaan, ja vangitsemme jokaisen ajatuksen kuuliaiseksi Kristukselle."* Tämän mukaan meidän pitää heittää kaikenlaiset ihmisten ajatukset pois ja omata hengellistä uskoa jonka avulla me voimme sanoa "Aamen" voidaksemme saada näitä siunauksia. Kuinka Mooses olisi voinut jakaa Punaisen meren kahtia jos hän ei olisi omannut uskoa? Kuinka Joosua olisi voinut tuhota Jerikon kaupungin ilman hengellistä uskoa?

Ei voida sanoa että sinä omaat hengellistä kuuliaisuutta jos sinä seuraat vain sellaisia asioita jotka sopivat yhteen sinun ajatustesi ja tietoutesi kanssa. Jumala loi asioita tyhjästä, joten kuinka Hänen voimansa voisi olla verrattavissa jostakin jotakin tekevien ihmisten voimaan ja tietouteen?

Matteus 5:39-44 sanoo näin: *"Mutta minä sanon teille: älkää tehkö pahalle vastarintaa; vaan jos joku lyö sinua oikealle poskelle, käännä hänelle toinenkin; ja jos joku tahtoo sinun kanssasi käydä oikeutta ja ottaa ihokkaasi, anna hänen saada vaippasikin; ja jos joku pakottaa sinua yhden virstan matkalle, kulje hänen kanssaan kaksi. Anna sille, joka sinulta anoo, äläkä käännä selkääsi sille, joka sinulta lainaa pyytää. Te olette kuulleet sanotuksi: 'Rakasta lähimmäistäsi ja vihaa vihollistasi.' Mutta minä sanon teille: rakastakaa vihollisianne ja rukoilkaa niiden puolesta, jotka teitä vainoavat."*

Kuinka tämä Jumalan totuus eroaakaan meidän omista ajatuksistamme ja tietoudesta? Tämän tähden minä kehotan sinua muistamaan että sinä et pysty saavuttamaan Jumalan kuningaskuntaa ta saamaan Hänen siunauksiaa jos sinä sanot "Aamen" ainoastaan sellaisiin asioihin jotka sopivat yhteen sinun omien ajatustesi kanssa.

Oletko sinä kokenut ongelmia, ollut levoton ja huolestunut siitä huolimatta että sinä tunnustat uskovasi kaikkivaltiaaseen Jumalaan? Tällöin sinun uskoasi ei voida pitää aitona. Sinun pitää luottaa Jumalan voimaan ja antaa kaikki ongelmat Hänen käsiinsä iloiten ja kiittäen jos sinä omaat todellista uskoa.

Minä rukoilen Jeesuksen Kristuksen nimessä että jokainen teistä pitäisi Jumalaa ensimmäisenä, tulisi niin kuuliaisesti että sanoisi ainoastaan "Aamen" kaikkiin Jumalan sanoihin, etsisi kaikkien kanssa vain rauhaa pyhyydessään ja uskoisi Jumalan voimaan joka pystyy herättämään kuolleet henkiin niin että te voisitte saada ja nauttia suurista siunauksista!

Kirjailija:
Pastori Dr. Jaerock Lee

Dr. Jaerock Lee syntyi Muanissa, Jeonnamin provinssissa, Korean Tasavallassa vuonna 1943. Nuoruudessaan Dr. Lee kärsi useista parantumattomista sairauksista seitsemän vuoden ajan. Ilman toivoa parantumisesta hän odotti kuolemaa. Eräänä päivänä keväällä 1974 hänen siskonsa johdatti hänet kirkkoon, ja hänen kumartuessaan rukoilemaan Elävä Jumala paransi hänet välittömästi kaikista hänen sairauksistaan.

Siitä hetkestä lähtien kun Dr. Lee tapasi Elävän Jumalan tuon ihmeellisen tapahtuman kautta hän on rakastanut Jumalaa vilpittömästi koko sydämellään, ja vuonna 1978 hänet kutsuttiin Jumalan palvelijaksi. Hän noudatti Jumalan Sanaa ja rukoili kuumeisesti saadakseen selvyyden Jumalan tahdosta voidakseen toteuttaa sitä. Vuonna 1982 hän perusti Manminin Central Churchin Soulissa, Koreassa, ja siitä lähtien kirkossa on tapahtunut lukemattomia Jumalan töitä, parantumisia ja muita ihmeitä mukaan lukien.

Vuonna 1986 Dr. Lee vihittiin pastoriksi Korean Jesus' Sungkyul Churchin vuotuisessa kirkkokouksessa, ja neljä vuotta myöhemmin vuonna 1990 hänen saarnojansa alettiin lähettää Australiaan, Venäjälle, Filippiineille ja useisiin muihin maihin Far East Broadcastin Companyn, the Asia Broadcast Stationin ja the Washington Christian Radion Systemin kautta.

Kolme vuotta myöhemmin vuonna 1993 *Christian World Magazine* (US) valitsi Manmin Central Churchin yhdeksi "maailman 50:stä huippukirkosta", ja hän vastaanotti kunniatohtorin arvonimen jumaluusopissa Christian Faith Collegesta, Floridassa ja vuonna 1996 teologian tohtorin arvonimen Kingsway Theological Seminarysta Iowassa.

Vuodesta 1993 lähtien Dr. Lee on johtanut maailmanlaajuista missiota useiden kansainvälisten ristiretkien kautta jotka ovat suuntautuneet Tansaniaan, Argentiinaan, Los Angelesiin, Baltimoreen, Hawaijille, sekä New Yorkiin Yhhdysvalloissa, sekä Ugandaan, Japaniin, Pakistaniin, Keniaan, Filippiineille, Hondurasiin, Intiaan, Venäjälle, Saksaan, Peruun, Kongon Demokraattiseen Tasavaltaan, Israeliin sekä Viroon.

Vuonna 2002 Korean kristilliset sanomalehdet kutsuivat häntä "kansainväliseksi pastoriksi" hänen lukuisten ulkomaisten ristiretkien aikana tekemänsä työn johdosta. Varsinkin hänen Madison Square Gardenissa järjestetty "2006 New Yorkin Ristiretki" lähetettiin yli 220 maahan. Jerusalemin kansanvälisessä kokouskeskuksessä järjestetyn vuoden 2009 "Israel Yhtykää Ristiretken" aikana hän saarnasi rohkeasti siitä kuinka Jeesus Kristus on Messia ja Pelastaha. Hänen saarnojaan on lähetetty yli 176 maahan satelliittien välityksellä sekä GCN TV:n kautta. Vuosina 2009 ja 2010 suosittu venäläinen kristillinen lehti *In Victory* ja uusi *Christian Telegraphy* valitsi hänet yhdeksi maailman 10 vaikutusvaltaisimmaksi kristillisestä johtajaksi hänen voimallisten Tv-lähetysten ja ulkomaille suuntautuneen työn tähden.

Lokakuu 2013 Manmin Central Church on seurakunta joka muodostuu yli 120 000 jäsenestä sekä 10000 koti-ja ulkomaisesta jäsenkirkosta kautta maailman, mukaanlukien 54 kotimaista haarakirkkoa. Se on lähettänyt yli 129 lähetyssaarnaajaa 23:n maahan, mukaan lukien Yhdysvaltoihin, Venäjälle, Saksaan, Kanadaan, Japaniin, Kiinaan Ranskaan, Intiaan, Keniaan sekä useaan muuhun maahan.

Tähän päivään mennessä Dr. Lee on kirjoittanut 108 kirjaa, mukaan lukien bestsellerit *Ikuisen Elämän Maistaminen Ennen Kuolemaa, Elämäni ja Uskoni, Ristin Sanoma, Uskon Mitta, Henki Sielu ja Ruumis, Taivas I & II, Helvetti* sekä *Jumalan Voima*. Hänen teoksiaan on käännetty yli 76 kielelle.

Hän on kirjoittanut kristillisiä kolumneja useisiin sanomalehtiin, mukaanlukien *The Hankook Ilbo, The JoongAng Daily, The Dong-A Ilbo, The Chosun Ilbo, The Seoul Shinmun, The Kyunghyang Shinmun, The Hankyoreh Shinmun, The Korea Economic Daily, The Shisa New* ja *The Christian Press*.

Dr. Lee on tällä hetkellä usean lähetysorganisaation ja −seuran johdossa, mukaan lukien The United Holiness Church of Korea (presidentti), The World Christianity Revival Mission Association (pysyvä puheenjohtaja), Manmin TV (perustaja), Global Christian Network (GCN) (perustaja ja johtokunnan jäsen), The Worlds Christian Doctors Network (WCDN) (Perustaja ja puheenjohtaja), sekä Manmin International Seminary (MIS) (perustaja sekä johtokunnan jäsen).

Muita saman tekijän voimakkaita kirjoja

Taivas I & II

Yksityiskohtainen kuvaus siitä ihmeellisestä elinympäristöstä josta taivaalliset kansalaiset saavat nauttia sekä taivaallisen kuningaskunnan eri tasoista.

Ristin Sanoma

Voimallinen herätysviesti kaikille niille jotka ovat hengellisesti nukuksissa. Tästä kirjasta sinä löydät Jumalan todellisen rakkauden ja syyn siihen että Jeesus on Pelastaja.

Helvetti

Vilpitön viesti koko ihmiskunnalle Jumalalta, joka ei tahdo yhdenkään sielun joutuvan helvetin syvyyksiin! Sinä löydät koskaan aikaisemmin paljastamattoman kuvauksen Helvetin julmasta todellisuudesta.

Henki, Sielu ja Keho I & II

Kirja selittää Jumalan alkuperän ja muodon, henkien tilat, ulottuvuudet sekä pimeyden ja kirkkauden, jakaen meille salaisuuksia joiden avulla me voimme tulla hengen täyteyden ihmisiksi jotka voivat ylittää ihmisten rajoituksia.

Uskon Mitta

Minkälainen asuinsija sinulle on valmistettu taivaaseen ja minkälaiset palkkiot odottavat sinua siellä? Tämä kirja antaa sinulle viisautta ja ohjeistusta jotta sinä voisit mitata uskosi määrän ja kasvattaa uskostasi syvemmän ja kypsemmän.

Herää, Israel

Miksi Jumala on pitänyt katseensa Israelissa aina aikojen alusta tähän päivään saakka? Minkälainen suunnitelma on laadittu Messiasta odottavan Israelin viimeisiä päiviä varten?

Elämäni ja Uskoni I & II

Uskomaton hengellisyyden aromi elämästä joka puhkesi vertaistaan vailla olevaan rakkauteen Jumalaa kohtaan tummien aaltojen, kylmien ikeiden ja syvän epätoivon keskellä.

Jumalan Voima

Välttämätön teos joka opastaa kuinka omata aitoa uskoa ja kuinka kokea Jumalan ihmeellinen voima.

www.urimbooks.com

www.ingramcontent.com/pod-product-compliance
Lightning Source LLC
LaVergne TN
LVHW092054060526
838201LV00047B/1380